서울 리뷰 오브 북스

Seoul Review of Books
2025 여름

18

광화문 일대에서 일하고 살다 보니 매주 집회를 접한다. 큰 소리는 광장에서만 들리는 것이 아니다. 인근 식당이나 지하철 등에서 서로를 공격하는 날카로운 소리를 종종 듣는다. 마치 알고리즘처럼 비어 있는 청와대를 향해 앉아서 서로의 뒤통수만 바라보고 소리 지른다 생각했는데, 전쟁에서나 사용하는 말들이 일상생활에서도 난무한다.

국제 상황을 들여다보더라도 정치적 갈등은 극단주의적 양상을 띤다. 유럽의 극우 정당은 이민자들을 문화적, 경제적 침략자로 규정하고 배척하며 지지 세력을 모으고 있으며, 트럼프는 미국 이외의 타자에 대한 전쟁을 펼치고 있다. 무엇보다도 러시아-우크라이나 전쟁, 팔레스타인-이스라엘 전쟁은 불안과 갈등의 서사를 구축하고 있다.

이번 호 특집에서는 이 혼돈, 붕괴, 충돌, 적대 등 동시대 국제사회가 겪고 있는 극단적인 상황의 기원을 묻고 그 너머를 짐작해보는 책 몇 권을 다루었다.

역사적으로 국가의 안전이 무너지거나 국가간 갈등이 격발되는 시기에 대한 두 권의 책을 먼저 소개한다. 최현진이 소개하는 바버라 F. 월터의 『내전은 어떻게 일어나는가』는 완전한 민주주의도 완전한 독재로 아닌 불안정한 중간 정치체제를 일컫는 '아노크라시(anocracy)'라는 개념을 통해서 한 사회가 안전한지를 진단한다.

내전은 정치적인 후진국에서 사용되는 지역적 단어가 아니라, 민주주의 후퇴가 진행되는 모든 사회에서 발생할 수 있는 현실적 위협임을 상기시키는 책이다. 최정규는 엘리트 자리를 둘러싸고 벌어진 자리 뺏기와 자리 차지하기 싸움이 국가의 위기 상황으로 전환되는 역사적 순환에 대한 피터 터친의 『국가는 어떻게 무너지는가』를 소개한다. 엘리트 과잉생산과 대중의 궁핍화라는 두 개의 대조항을 통해 역사의 기저 논리를 발견하고 미래를 예측할 수 있다는 이론이다.

백승욱은 20세기 전체를 냉전이라는 키워드로 해석하고 더 나아가 현재를 아직 해소되지 않은 냉전의 연장으로 보는 베스타의 저서 『냉전』을 평한다. 베스타는 냉전 이후 눌러 왔던 세계체제의 모순이 다시 점화된 것이 지금 트럼프 정부, 도처의 극우주의와 포퓰리즘 등으로 드러난다고 보는 입장이다. 베스타의 책이 냉전의 시점을 확장하고, 지역적으로도 넓혔다면 이 냉전을 그 중심부에서 겪은 한반도는 이 시기를 어떻게 타고 넘어왔는가? 옥창준은 『김용구 연구 회고록』을 통해서 이를 살핀다.

이마고문디에서 한윤아는 봉준호 감독의 〈미키 17〉이 갖는 자본주의적 알레고리에 대해서 이야기함과 동시에 시각적인 폭력성에 대해서 이야기한다. 여기서 봉준호 감독의 〈미키 17〉을 다루는 것은 특집과도 묘하게 심상이 연결된다. 영화 속 파시스트적인 상황은 여러 국가의 현실과 나란하게 겹쳐지기 때문이다. 마지막에 미키 반스를 복제했던 복사기가 파시스트를 복제하는 데 사용되려 했다는 점도 혼돈의 연속성을 보여 주는 것도 같다.

책을 텍스트에 대한 평가를 넘어서 디자인 리뷰로 확장되었으면 하는 의미에서 디자인 리뷰가 지속되고 있다. 이번 호는 책의 역할이 일종의 퍼포먼스로 전개될 수 있는 『SCUMB Manifesto』(2022)가 대상이다. 저자인 저스틴 컬랜드는 책이라는 상징 권력을 통해서 문자와 책의 가부장제에 저항하며, 찢고 붙이는 형식에 파격을 가한다. 《서울리뷰오브북스》 창간 초기에 디자인 리뷰의 필요성을 주장한 전가경이 이 책을 소개한다.

일반 리뷰에서 백종관의 서평도 책의 내용은 물론 디자인 리뷰를 동시에 시도한다. 굳이 디자인 리뷰 세션으로 구분되지 않는다고 해도, 책의 선정에 따라서 하이브리드 리뷰가 지속적으로 늘어나길 기대한다. 예술 책이 늘어나고 있는 상황에서 책에 대한 비평의 다양한 측면이 필요할 것이다.

북앤메이커에서는 출판 편집자 취업 준비 워크숍인 지피지기 스타터 캠프를 운영하는 이옥란이 출판의 경계에서 이 언어를 배워 가고, 본인의 소질과 견주어 보면서 출판계의 맥을 이어가는 직능으로서 출판인과 출판업의 생태계를 보여 준다.

일반 리뷰에서는 요즘 많이 회자되고 있는 다양한 책이 소개된다. 정은진은 스벤 뉘홀름의 기술 윤리에 관한 책을 통해서 특히 인공지능에서 복잡하게 대두되는 논란들을 보여 준다. 권석준은 맥스 베넷의 『지능의 기원』을 통해서 인간 지능이 인공지능으로 가는 징검다리인지 묻는다. 오서정은 노한동의 책을 통해서, 공무원과 행정부의 역할에 대해서 질문한다. 저자는 공무원의 노역의 근원을 가짜 노동으로 추적하지만, 이는 직능의 문제를 넘어서 한국 사회에서 애매해진 행정부의 정책 결정 능력에서 비롯된 것이라는 입장이다.

송지우는 세티야의 책 『라이프 이즈 하드』를 소개하며 삶의 고충을 어떻게 마주하고 대응해야 하는지, 자기계발서와 같은 주제에 대한 철학적 해법을 소개한다.

최소영이 얼마 전 돌아가신 정수일 전 한국문명교류연구소장을 추모하기 위해 『이븐 바투타의 여행기』를 택한 것이 의아했지만, 서평의 마지막 부분을 읽으면 독자들은 이 선택의 탁월함을 이해할 수 있을 것이다.

이번 호의 말미에는 기존 《서리북》의 리뷰에 대한 반론과 재반론이 있다. 김재인은 2023년 5월에 출간한 『AI 빅뱅』에 대한 권석준의 서평에 대해 반박하는 글을 썼으며, 권석준은 이에 대해 재반론을 펼치고 있다. 여기에 충분한 지면을 할애한 이유는 《서리북》에서 서평에 대한 대화가 이어지기를 바랐던 편집진의 의도를 반영한 것이다.

편집위원 강예린

차례

"사람들이 정치 체제 안에서 문제 해결이
가능하다고 느낄 때, 극단주의와 폭력은
설 자리를 잃는다는 점을 강조한다.
정치가 시민의 삶에 긍정적으로 작동한다는
믿음이 복원되어야 한다는 것이다."
◀ 최현진 「우리는 지금 얼마나 안전한가」

"대중의 목소리가 9.9퍼센트가 마련해
놓은 논리의 틀에 담겨서 9.9퍼센트의
입을 통해서만 전달되는 것이 아니라
그들이 직접 정치적 공간에 의견을
반영하고 의제화할 수 있으려면,
스스로의 목소리를 담아낼 논리와
그것을 전달할 힘이 필요하다."
▶ 최정규 「무너질 것 같은 국가 앞에서 무엇을 해야 할까」

"냉전의 두 진영은 (⋯⋯) 서로 접속하지 않는
떨어진 분리-독립된 공간에서 작동해 온 것이 아니라,
우리 오해와 달리 내적으로 영향을 받고 하나로
연결되어 있으면서 상대적으로 분리된 듯한
착시효과를 주는 통일된 체계 내에서
작동해 온 것이라고 할 수 있다.
그래서 한 축의 붕괴는 다른 한 축의 승리가
아니라, 두 세력을 묶은 한 시대의 '종료'와
위기의 재도래로 인식되어야 하는 것이다."
▶ 백승욱 「냉전사 쓰기의 난점, 냉전적 서사로 회귀할 함정」

"김용구가 두텁게 쌓아 올린
60년간의 성찰은 비단 좁은 의미의
외교가 아니라, 세계 속의 한국이
무엇인지, 무엇이 되어야 하는지를
고민하는 많은 이들에게도
영감을 줄 수 있을 것이다."
◀ 옥창준 「오지의 지질학자가 남긴 연구 기록」

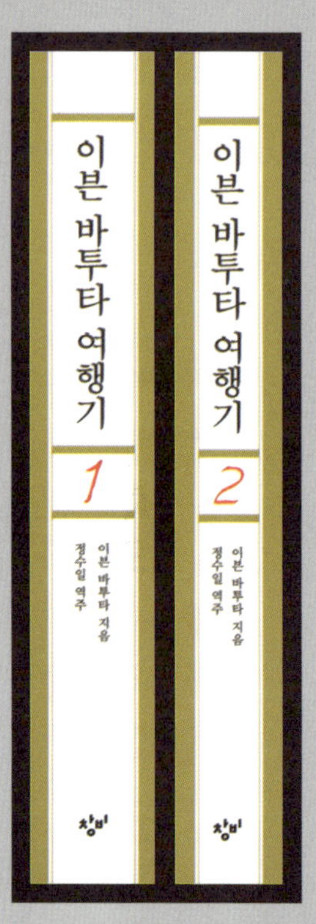

“이븐 바투타는 이 열린 국경을 넘어
환대 속에 여정을 이어 나갔다.
이것이 이른바 팍스 몽골리카의
모습이다.”
◀ 최소영 「감옥에서 온, 환대의 기록」

“삶이 부조리(absurd)하므로
정의롭게 살려는 노력이
의미 없는 게 아니라,
삶을 의미 있게 하려면
정의롭게 살아야 한다는
것이다.”
◀ 송지우 「이 책은 ‘인생 수업’이 아닙니다」

“자유간접화법은 (……) 오히려
오늘날의 예술 실천 전반을 사유할 수 있는
하나의 ‘주체 형식’이자 윤리적 조건으로
제안된다.”
▶ 백종관 「감염의 비평」

“기술 윤리에 대해 생각할 때 필요한 여러 방법론과 사조들, 비교적 최신 연구들을 잘 소개하고 있는 개론서로 기술 윤리, 특히 AI 윤리에 대한 고민을 좀 더 체계적으로 할 수 있도록 도와준다.”

◀ 정은진 「인공지능 시대, 복잡한 질문들에 대답하기」

“인간의 뇌가 생각을 위해 진화하지 않았다면, 앞으로 어떤 방향으로 지능이 진화할지 탐구하는 것은 연구자의 몫이겠지만, 상상은 모두의 몫이다.”

▶ 권석준 「인간의 지능은 AI로 진화하는 징검다리인가」

“관료들이 내면화하게 되는 무력감과 좌절, 그리고 반복되는 정책 실패의 순환을 설득력 있게 보여 준다.”

◀ 오서정 「공무원은 나라를 위해서 일하고 싶다」

일러두기

1   《서울리뷰오브북스》에 수록된 서평은 직접 구매한 도서로 작성하는 것을 원칙으로 합니다.

2   《서울리뷰오브북스》에서 다루기 위해 선정된 도서와 필자 사이에 이해 충돌이 발생하는 경우,
     주석에서 이를 밝히는 것을 원칙으로 합니다.

3   단행본, 소설집, 시집, 논문집은 겹낫표『 』, 신문, 잡지, 음반, 전시는 겹화살괄호《 》, 단편소설,
     논문, 신문 기사는 홑낫표「 」, 영화, 음악, 팟캐스트, 미술 작품은 홑화살괄호〈 〉로 묶어
     표기했습니다.

4   아직 한국에 번역·출간되지 않은 도서를 다룰 경우에는 한국어로 번역한 가제와 원서 제목을
     병기했습니다.

혼돈 그리고 그 너머

서울
리뷰 오브
북스

『내전은 어떻게 일어나는가』
바버라 F. 월터 지음, 유강은 옮김
열린책들, 2025

우리는 지금 얼마나 안전한가

최현진

2025년 1월 19일 새벽, 서울서부지방법원이 시위대에 의해 점거되었다. 윤석열 전 대통령에 대한 구속영장 발부에 반발해 벌어진 이 사건은 단순한 법원 침입이 아니라, 대한민국 사법권에 대한 물리적 도전이자 극단으로 치달은 정치 갈등의 폭발적 표출이었다. 경찰관과 취재 기자가 폭행당한 현장은, 더 이상 '총성 없는 내전'이라는 표현이 과장으로 들리지 않는 시대의 징후를 보여 주었다. 한때는 중동과 아프리카의 다민족 국가들과 미국 사회를 두고 회자하던 '내전'이라는 단어가, 이제는 한국 사회를 진단하는 언론과 정치인의 입에서도 거리낌 없이 등장하고 있다.

비상계엄 선포, 대통령 탄핵, 법원 습격, 정당 간의 극한 대치, 그리고 광장과 대학가로 퍼진 시위와 혐오 표현. 최근 몇 년간 한국 정치는 제도적 대화와 타협의 공간을 점차 잃어 가고 있으며, 정치적 적대감은 정파적 구호를 넘어 일상 언어와 사회 감정에까지 깊숙이 침투했다. 유튜브와 페이스북 등 소셜 미디어 공간에서는 '빨갱이', '친일파', '양아치', '수괴', '잔당 청산' 등 전쟁의 언어가 범람하고, 일부 시민들은 상대방이 '찬탄(탄핵 찬성)'인지 '반탄(탄

2025년 1월 19일, 윤석열 전 대통령의 지지자들이 구속영장 발부를 빌미로 서울서부지방법원을 습격·점거했다. (출처: 위키피디아)

핵 반대)'인지를 기준으로 정체성과 정치적 입장을 가르기도 한다. 헌법재판소의 결정조차 내전의 기폭제가 될 수 있다는 주장이 주요 정치인의 입을 통해 공개적으로 제기되는 상황에서, 지금 우리 사회가 직면한 위기는 단순한 정국 혼란이나 정치적 과잉으로 축소할 수 없는 체제적 위기의 조짐일 수 있다.

　UC 샌디에이고 정치학 교수 바버라 F. 월터(Barbara F. Walter)의 『내전은 어떻게 일어나는가』는 바로 이러한 국면에서 우리가 던져야 할 근본적 질문에 대한 실마리를 제공한다. 저자는 이 책에서 최근 미국의 민주주의 퇴보와 정치적 양극화, 그리고 2021년 1월 6일 벌어진 미 의회 난입 사건을 계기로 '과연 민주주의는 우리 사회를 내전으로부터 지켜줄 수 있는가?'라는 질문을 던졌다. 그러나 이 책은 단지 미국 내 사정을 다룬 시사 비평서가 아니다. 전 세계 내전의 발발 조건과 전개 과정을 종합적으로 분석한 정치학적 연구 성과이자, 민주주의 위기를 조망하는 경고문이다.

내전은 언제, 어떤 조건에서 발생하는가

월터가 내세우는 핵심 개념은 '아노크라시(anocracy)'다. 이는 완전한 민주주의도, 완전한 독재도 아닌 중간 상태의 불안정한 정치 체제를 말한다. 그녀는 "어떤 나라가 내전을 겪게 될지 여부를 예측하는 가장 좋은 지표는 그 나라가 민주주의를 향해, 또는 민주주의에서 벗어나 움직이고 있는지"(32쪽)라고 말한다. 내전은 정치 체제가 안정되어 있을 때보다 민주화 과정이 정체되거나 역행하는 중간 단계에서 더 자주 발생한다. 예를 들어, 민주주의 수준을 -10(완전한 독재)에서 +10(성숙한 민주주의)까지의 점수로 나타낼 때, 내전 위험은 -1과 +1 사이 구간에서 정점에 이른다. 이 구간은 국가의 제도적 정당성과 억지력이 모두 약화한 상태이며, 시민들이 독재의 그림자를 인식하기 시작하는 시점이다. 제도는 작동하지 않고, 사회는 과도기적 혼란 속에서 방향을 잃는다.

　그러나 제도적 취약성만으로 내전이 발발하지는 않는다. 월

2021년 1월 6일, 트럼프 대통령의 지지자들이 미국 의회를 무력으로 점거했다.(출처: 위키피디아)

터는 그 위에 '파벌주의(factionalism)'가 결합할 때 내전 가능성이 급격히 상승한다고 분석한다. 파벌주의란 인종, 종교, 고향, 언어 등 정체성에 기반한 정치적 분열로, 정치 경쟁이 타협이나 합의가 아닌 배제와 대결로 귀결되는 양상을 말한다. 이 파벌주의는 종종 집단의 정체성을 정치적으로 활용하는 '종족 사업가(ethnic entrepreneur)'들의 전략과 결합하여 사회 분열을 심화한다. 이들은 공포감을 자극하고 부추겨 유권자 집단을 가두려는 방편으로 민족이나 종교와 같은 정체성 기반의 혐오를 유포하며, 자신의 권력 쟁탈전을 정당화한다. 유고슬라비아 내전(1991-1999), 이라크의 종파 갈등(2006-2017), 르완다 사태(1994) 등에서 이러한 종족 사업가들은 내전의 도화선 구실을 했다. 이들은 정치권력을 얻기 위해 선거를 '선동과 동원의 장'으로 만들고, 선거 이후에도 진영 간 증오를 해소하지 않는다.

중요한 점은, 시민들이 이러한 파벌화 과정을 '정치적 진보'나 '정당한 권리 요구'로 오인할 수 있다는 것이다. 월터는 "시민들이 하룻밤 사이에 협소하고 이기적인 파벌로 조직되는 것은 아니다"(83쪽)라고 말하며, 자신들이 공동체를 지키고 정의를 실현하고 있다고 믿는 순간에도 사실은 내전으로 가는 길을 밟고 있을 수 있다고 경고한다. 즉, 내전은 대개 점진적이며, 일상적인 정치 갈등과 분열이 누적된 결과다. 어느 순간부터는 기존의 정치 제도가 더 이상 중재의 기능을 하지 못하고, 대화가 봉쇄되며, 극단주의만이 목소리를 얻는다.

정치적 분열은 어떻게 극단으로 치닫는가

폭력을 촉진하는 또 하나의 핵심 요인은 '지위 격하(downgrading)'이다. 단지 가난하거나 억압받는다고 해서 내전이 발생하지는 않는다. 오히려 "일단 권력을 잡았다가 손에서 빠져나가는 것을 볼 때 사람들이 특히 싸움에 나설 가능성이 높았다."(93쪽) 자신들이 누리던 정치적 특권이나 사회적 영향력을 상실했다고 느끼는 집단은 종종 무력 충돌로 반응한다. 이는 이라크에서 수니파 엘리트가 축출되었을 때처럼, 과거의 지위가 현재에 비해 하락했다고 느끼는 경우 강하게 나타난다. 이러한 감정은 단순한 상실감이 아니라 생존의 위협으로 인식된다.

지위 격하는 '희망의 상실'과 연결될 때 더욱 폭력적으로 변한다. 월터는 "한 집단이 미래를 내다보는데 계속 고통만 받을 뿐 아무 희망이 보이지 않을 때, 앞으로 나아가기 위한 유일한 길로 폭력에 주목하기 시작한다"(116쪽)고 말한다. 이 희망 상실은 시위가 실패하거나 체제가 변화 가능성을 보여 주지 못할 때 심화한다. 평화적 시위는 "체제를 바로잡으려는 최후의 필사적인 시도"이며, "평화적 변화를 추구하는 낙관주의자들에게 남은 마지막 카드"(122쪽)인데, 이마저도 좌절되면 시민들은 점차 극단으로 내몰린다. 많은 내전은 오랜 평화 시위의 실패 이후에 발발했다.

또 하나 주목할 점은 선거 자체가 내전을 준비하는 계기로 작동할 수 있다는 것이다. 월터는 선거를 통해 정당한 권력 이양이 이루어지는 것이 민주주의의 핵심이라면서도, 정체성 기반의 선거 전략이 극단화되면 선거 과정이 폭력적 동원의 전조가 될 수 있다고 경고한다. 실제로 많은 내전에서 선거 운동이 민족적 정체성을 선동하고 적대감을 부추기는 수단으로 활용되었다. 선거 운동이 집단의 분노와 공포를 조장하고 군중의 심리를 정치적으로 무기화할 때, 평화는 위협받는다.

오늘날 내전을 급속히 확산시키는 새로운 동인은 바로 소셜 미디어(SNS)이다. 월터는 "소셜 미디어 플랫폼은 결국 판도라의 상자"(142쪽)였다고 지적하며, 이 플랫폼이 허위 정보와 음모론을 퍼뜨리고, 민주주의 제도에 대한 신뢰를 허물며, 공동체를 분열시키는 데 결정적인 역할을 한다고 본다. 알고리즘은 사용자를 더욱 극단적인 콘텐츠로 유도하고, 정체성 기반의 분열을 강화하며, 극단주의자들이 대중을 동원하는 데 최적화된 수단이 되었다. 무엇보다 우려스러운 점은 "지금은 유권자들 스스로 독재를 탄생시킨다"(151쪽)는 점이다. 반민주적 포퓰리스트들이 민주주의 제도를 부정하고도 선거에서 승리할 수 있는 시대가 된 것이다. 소셜 미디어는 그들의 주요 도구이다.

월터는 이러한 분석을 바탕으로 미국이 민주주의 후퇴, 파벌주의 심화, 지위 격하 집단의 분노, 희망의 상실, 그리고 소셜 미디

바버라 월터는 내전을 급속히 확산시키는 새로운 동인으로 소셜 미디어를 지적한다.
(출처: Unsplash)

어에 의한 급진화라는 다섯 가지 조건을 모두 갖추었다고 경고한다. 그녀는 미국이 내전 직전의 조건을 충족하고 있으며, 현 체제에 대한 신뢰가 무너지면 소규모 무장 충돌이나 테러, 혹은 테러와 유사한 형태의 정치 폭력이 일어날 수 있다고 본다. 단, 이 분석에 대해 '과잉 진단'이라는 비판도 존재한다. 미국의 제도는 여전히 작동하고 있으며, 군대와 법원이 민주주의를 수호하고 있다는 반론이다. 실제로 트럼프 대통령의 첫 번째 집권기는 혼란스러웠으나, 제도적 균형은 무너지지 않았다. 그러나 월터가 주장하는 핵심은 '위기의 조짐은 일찍 나타나며, 무시하면 늦는다'는 점이다.

이 책의 마지막 장에서 월터는 내전을 방지하기 위한 정책적 제안도 함께 제시한다. 그녀는 국가의 통치(거버넌스) 품질을 개선하는 것이 내전을 막는 가장 근본적인 방법이라고 강조한다. 구체적으로는, 선거 제도의 개혁, SNS 알고리즘 규제, 법치 강화, 대통령 권한 견제, 정치 자금 투명화, 지역 간 형평성 강화, 공정한 교육과 복지 제도의 확대 등 제도적 개혁이 필요하다고 본다. 특히, 사람들이 정치 체제 안에서 문제 해결이 가능하다고 느낄 때, 극단주의와 폭력은 설 자리를 잃는다는 점을 강조한다. 정치가 시민의 삶에 긍정적으로 작동한다는 믿음이 복원되어야 한다는 것이다.

우리는 지금 얼마나 안전한가

『내전은 어떻게 일어나는가』는 단지 내전 발생의 메커니즘을 설명하는 이론서가 아니다. 점점 불안정해지는 민주주의의 현실을 진단하고, 우리가 그 흐름에 무관심할 경우 어떤 결과를 초래할 수 있는지를 경고하는 책이다. 특히 내전이 더 이상 특정 지역이나 후진국만의 문제가 아니라 민주주의 후퇴가 진행되는 모든 사회에서 발생할 수 있는 현실적 위협임을 상기시킨다. 민주주의가 단단해 보이는 국가일수록 균열은 더 늦게 포착되지만, 그 파괴력은 훨씬 크다.

내가 이 책을 읽고 있던 지난 3월, 스웨덴의 민주주의 다양성 연구소(V-Dem)는 『민주주의 보고서 2025』를 통해 한국의 민주주의 수준이 '자유 민주주의'에서 '선거 민주주의'로 강등되었다고 발표했다. 이 연구소는 세계 179개국을 대상으로 선거 제도, 언론 자유, 법치, 시민의 권리와 참여 등을 종합적으로 평가해 각국의 민주주의 수준을 분류한다. 이 평가에서 한국은 1993년 이후 처음으로 '자유 민주주의' 지위를 상실하고 '선거 민주주의' 국가로 강등되었다. 특히 자유 민주주의 지수(Liberal Democracy Index)는 0에서 1 사이의 값으로 측정되는데, 한국은 2021년 0.79에서 2024년 0.63으로 하락했다. 이와 함께 한국은 홍콩, 미얀마, 필리핀, 인도네시아 등과 함께 동아시아에서 민주주의가 후퇴(autocratization)하고 있는 국가로 분류되었다. 민주주의 하락의 원인을 두고도 정치권에서는 첨예한 공방이 이어졌다. 일각에서는 비상계엄 사태와 대통령 탄핵이 가져온 정치적 불안과 국가 신뢰의 붕괴를 문제 삼았고, 다른 쪽에서는 야당의 무리한 탄핵 시도가 초래한 정국 혼란을 원인으로 지목했다.

　　다행히 4월 4일 윤석열 전 대통령이 헌법재판소에서 파면된 직후 우려되던 집단적 폭력 사태는 발생하지 않았다. 하지만 민주주의가 후퇴하고 있다는 경고음은 여전히 꺼지지 않는다. 한국 사회는 지금도 깊은 정치적 분열 속에 있으며, 유튜브와 SNS 공간에서는 혐오 발언과 증오 담론이 일상화되고 있다. 사법 시스템에 대한 신뢰도는 눈에 띄게 하락하고 있으며, 정치는 갈등을 조정하는 공간이 아니라 갈등을 재생산하는 무대로 인식된다. 이러한 배경 속에서 바버라 월터가 던지는 다음의 네 가지 질문은 한국 사회에도 고스란히 적용된다.

우리가 살고 있는 국가, 그리고 이 사회는 지금 얼마나 안정적인가?
정치적 대화는 이루어지고 있는가?
다른 정파에 대한 증오가 제도적 방식으로 제어되고 있는가?

혹시 우리는 내전의 초입에 서 있는 것은 아닌가?

『내전은 어떻게 일어나는가』는 이처럼 불편하지만 반드시 직면해야 할 질문을 던진다. 이 책은 독자에게 경고장을 건네는 동시에, 위기를 직시하고 성찰할 수 있도록 이정표를 제시하며 우리가 지켜야 할 민주주의의 원칙을 다시금 상기시킨다. 서리북

최현진
경희대학교 정치외교학과를 졸업하고, 2012년 미국 미시간주립대학교(MSU)에서 내전과 권위주의를 주제로 박사학위를 취득했다. 내전, 테러, 평화 구축에 관한 다수의 연구 논문을 발표했으며, 최근 저서로는 『문답으로 풀어본 트럼프와 한반도』가 있다.

📖 전 세계 식량 생산량은 인류 전체를 먹여 살리기에
충분하지만, 수억 명이 여전히 굶주린다. 장 지글러는 기아의
원인을 자연재해가 아니라 독재 정치, 다국적 기업의 지배,
국제기구의 구조 조정 정책 등 구조적 문제에서 찾는다.
이 책은 기아를 인류에 대한 조직적 범죄로 바라보며, 세계
식량 체제에 대한 근본적 성찰을 촉구한다.

"이따금 '기아를 무기로 삼는다'는 말을 들어본 적이 있어요.
그런데 그게 무슨 뜻이지요?"
"그 말은 기아와 관련한 가장 끔찍한 면을 보여 준단다. 몇몇
나라에서는 국민들을 폭력적으로 복종시키려고 식량을
의도적으로 끊고 있거든." — 책 속에서

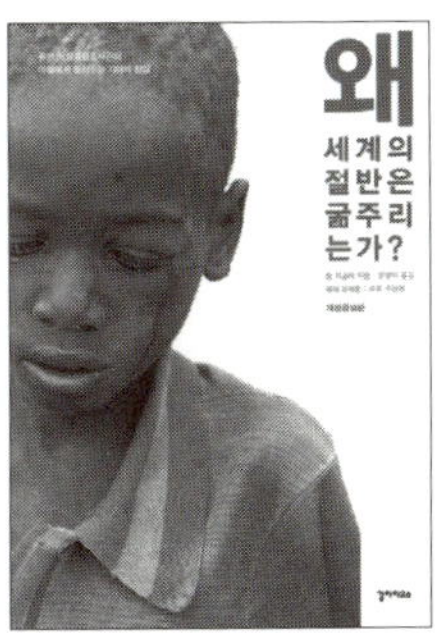

『왜 세계의 절반은 굶주리는가?』
장 지글러 지음
유영미 옮김
갈라파고스, 2016

📖 모든 독재자는 권력 유지를 위해 '충성스러운 소수'를
만족시키는 데 집중한다. 저자들은 독재뿐 아니라
민주주의도 본질적으로 이익 배분의 정치라는 점을
강조하며, 권력 유지의 냉혹한 원칙들을 분석한다.
이 책은 '좋은 정치'가 아닌 '권력을 유지하는 정치'의 실제
작동 방식을 통찰력 있게 파헤친다.

"권력을 얻으려면 다른 사람의 지지가 필요하다. 이들에게
경쟁자보다 더 많이 보상해야 권력을 유지한다. 그렇다면
누구에게 얼마나 보상해야 하는가? 그것이 정치의 핵심이다.
권력을 유지하려면 그들의 지지 없이는 권력을 유지할 수
없는 소수의 필수 집단이 필요하다." — 책 속에서

『독재자의 핸드북』
브루스 부에노 데 메스키타·
알라스테어 스미스 지음
이미숙 옮김
웅진지식하우스, 2012

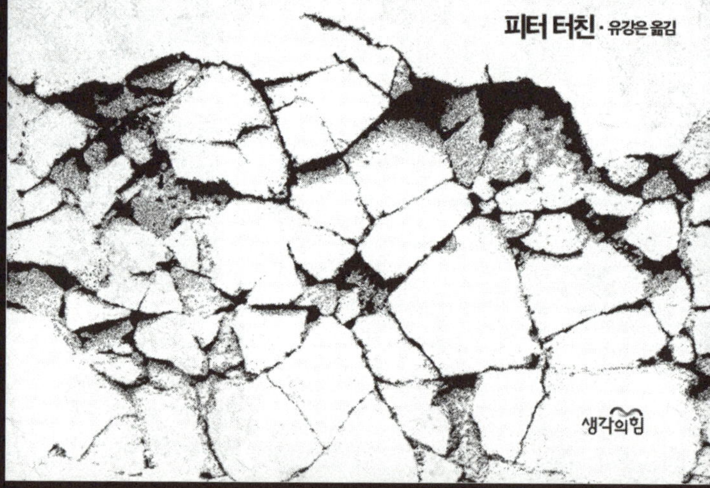

『국가는 어떻게 무너지는가』
피터 터친 지음, 유강은 옮김
생각의힘, 2025

무너질 것 같은 국가 앞에서 무엇을 해야 할까: 두 개의 키워드로 살펴본 복잡한 세상 이야기

최정규

세상은 복잡하다. 수많은 요소가 우리가 알지 못하는 방식으로 서로 얽히고설키면서 한 부분에서의 변화가 예상치 못한 급격한 파급을 만들어 내기도 한다. 과장해서 말하자면, 브라질에서 나비의 날갯짓이 미국 텍사스에서 토네이도를 일으킬 수도 있다는 말이다. 인류가 두 발로 서고 거대한 뇌를 갖고 지금껏 이성의 존재로 군림하게 된 것도, 1만 2천 년 전 메소포타미아 지역에서 누군가가(혹은 일부 집단이) 했던 농경이라는 실험이 지금까지 인류의 먹거리를 제공하는 주된 수단이 된 것도, 20세기를 뒤흔들었던 두 차례의 커다란 전쟁과 몇 차례의 혁명도, 모두 최초의 출발은 우리가 알지 못한 '사소한' 사건이었을지도 모른다.

누군가는 당시 구체적인 경험 자료들을 토대로 격변기 동안 무슨 일이 일어났는지를 혹은 왜 일어날 수밖에 없는지를 복기할 수 있다고 생각하기도 하고, 누군가는 그런 일이 일어날 수밖에 없었던 구조적 원인들을 찾는 것이 더 중요하다고 생각하기도 한다. 또 누군가는 세상은 복잡하지만, 그 복잡성의 배후에는 아주 단순한 논리가 숨어 있을지도 모른다고 생각하기도 한다. 피터 터친은

『국가는 어떻게 무너지는가: 엘리트, 반엘리트, 정치적 해체의 경로(*End Times: Elites, Counter-Elites, and the Path of Political Disintegration*)』에서 마지막 선택지에 따라 역사를 분석할 수 있고, 그럼으로써 우리가 보지 못했던 역사의 기저 논리를 발견할 수 있다고 말한다.

터친은 역사가 복잡하고 수많은 요인이 상호작용해서 때로는 예측하지 못하는 결과를 빚어내는 것처럼 보이지만, 데이터만 있다면 이를 토대로 과거를 분석하고 미래를 예측할 수 있는 모델을 만들어 낼 수 있다고, 그리고 (놀랍게도) 이 모델은 불과 3-4개의 변수만으로도 훌륭히 기능한다고 말한다. 그가 클리오다이내믹스(cliodynamics)라고 부르는 방법론은 그의 주장을 뒷받침하는 든든한 무기다. 그는 세샤트(Seshat)라는 이름의 대규모 역사 데이터베이스를 구축했고, 이를 추려서 위기DB를 만든 뒤, 이 데이터를 기초로 복잡계 시스템에 기반한 동역학 모델을 구축했다. 그리고 그는 자신의 모델을 기초로 사회의 통합과 해체가 100년 주기로 반복된다는 것, 그리고 반복되는 패턴마다 그 배후3에는 엘리트의 과잉생산과 대중의 궁핍화라는 두 힘이 작동한다는 것 등을 확인했다.

터친은 엘리트 과잉생산과 대중의 궁핍화라는 두 개의 키워드를 토대로, 대중의 분노가 트럼프 당선으로 이어지는 최근 미국에서 경제와 정치 흐름을, 그리고 이와 유사한 역사적 사례들을 설명한다. 그는 책 전체를 통해 현실감이 있게 이야기를 끌어나간다.

엘리트의 과잉생산 그리고 대중의 궁핍화

음악이 흐르기 시작하면 장교들이 몇 개의 의자 주변을 걸어서 돈다. 음악이 멈추면 각자 앉을 의자를 찾아야 한다. 하지만 의자보다 게임

참가자 수가 더 많기 때문에 불운한 장교는 의자를 차지하지 못하고 탈락한다. 이제 의자 하나를 빼고 다시 게임이 시작된다. 마지막에는 한 사람의 승자만 남는다. 〈에비타〉에서 승자는 후안 페론 대령인데, 나중에 뮤지컬에서 아르헨티나 대통령이자 페론당 창건자가 된다. (26쪽)

어릴 적 소풍 가서 한 번쯤은 해본 게임이다. 의자를 차지하기 위해 다른 사람의 행동도 살피고 의자 주변을 돌면서도 의자의 위치와 접근 경로를 계속해서 눈여겨본다. 함께 부르는 노랫소리에 귀 기울이지만 긴장돼서 두근대는 마음이 더 신경 쓰인다. 의자를 찾지 못해 탈락할 때의 아쉬움이 지금도 기억에 남아 있다. 터친은 이 게임을 조금 변형한다.

엘리트 지망자 게임, 줄여서 지망자 게임에서는 매번 의자 수를 줄이는 대신, 참가자 수를 늘린다. 게임은 권력 지위를 나타내는 의자 열 개를 가지고 의자 뺏기 게임과 똑같이 시작한다. 첫 번째 게임에서 열한 명이 의자를 차지하려고 겨룬다. 열 명이 기성 엘리트가 되고, 패자는 좌절한 지망자가 된다. 다음 판에서는 참가자 수를 늘리는데, 결국 두 배, 그리고 세 배까지 늘린다(의자는 그대로 열 개다). 의자 수는 그대로이지만, 좌절한 지망자 수는 처음의 한 명에서 열 명, 스무 명으로 늘어난다. 게임이 진행되는 가운데 혼돈과 갈등의 정도가 높아진다고 상상해보라. (26쪽)

터친에 따르면 인류 역사상 반복적으로 나타나는 사회의 주기적 붕괴 패턴을 만드는 두 개의 힘은 엘리트 과잉생산과 전반적 대중의 궁핍화이다. 위에서 얘기한 의자 뺏기 게임은 점점 늘어나는 엘리트 지망생들과 그 과정에서 점점 늘어나는 탈락자들을 묘사한다. 이 게임이 진행되면서 일부 엘리트들은 의자를 놓고 멀리 돌지 않고 가까이에서 도는 척만 할 수도 있고 노래가 진행되는 동안 다른 경기자들을 슬쩍 밀쳐 유리한 위치를 선점하려 할 수도 있다. 게임의 룰을 교묘히 어기면서 자리를 차지하려 애쓴다. 여기에 하나를 덧붙여 보자. 게임에 참가하는 사람들이 늘어날수록 '구경꾼'들은 더 많은 '돈'을 내야 한다. 게임은 점점 더 치열해지고, 구경꾼들은 점점 가난해진다. 그렇게 되면 이 장난스럽던 게임은 꽤 현실적인 모습을 갖춘다.

이와 맞물려 작동하는 두 가지 힘이 있다. 자신의 삶을 넘어서 타인의 삶에 대해 권력을 행사할 수 있으려면 그만한 지위에 도달해야 한다. 부자는 늘어나는데, 이들이 차지할 수 있는 지위의 수는 고정되어 있으니, 이들 사이의 경쟁이 점점 심해진다. 말하자면 부자가 늘어나면서 엘리트 지망생들이 너무 많이 늘었고, 이들 사이의 자리 경쟁이 치열해지면서 지위 경쟁에서 탈락하는 지망생들이 많아진다. 이를 가리켜 터친은 '엘리트의 과잉생산'이라고 부른다. 엘리트의 과잉생산이라 부를 수 있는 하나의 경향이 있다면 그 이면에는 '대중의 궁핍화'라는 또 다른 경향이 병행한다. 경제가 성장하면서 파이도 커지지만, 이중 상위 1퍼센트가 차지하는 몫이 커지면 일반 노동자들의 임금이 전체 파이에서 차지하는 몫은 점점 감소한다. 상대적 임금의 저하, 기대수명의 감소, 그리고 자살, 약물 중독에 따른 절망사의 급증 등은 '대중의 궁핍화'라는 두 번째 경향을 보여 주는 지표다. 그리고 이 모든 것을 가능케 하는 원천은 사회의 상층부로 부를 끊임없이 밀어 올리는 '부의 펌프'다.

터친에 따르면 지금 미국에서 벌어지고 있는 상황이 바로 이렇다. 1980년대를 시작으로 천만 달러 자산을 보유한 슈퍼 리치의 수가 급증했다. 이후 천만장자의 수는 전체 인구의 0.08퍼센트에서 0.54퍼센트로 증가했다. 같은 기간 자산이 500만 달러 이상인 가구 수는 7배, 백만장자의 수는 4배 증가했다. 부자의 수는 증가했지만, 권력을 주는 지위의 숫자는 고정되어 있다. 공적 선거에서 직접 선거 자금을 대는 후보자의 수가 증가하고, 2000년 국회의원 선거에서는 개인적으로 100만 달러 이상을 쓴 후보가 19명이나 된다. 선거에 승리하고자 하는 비용은 엄청나게 증가했다. 당선된 하원의원의 경우 평균 지출액이 1990년 40만 달러에서 2020년 235만 달러로 증가했고, 상원의원은 같은 기간 390만 달러에서 2,700만 달러로 크게 늘어났다. 부가 상층부로 집중하면서 엘리트 지망생들이 너무 많이 늘었고 지망생들 사이에서의 자리 경쟁이 치열해지면서 낙오되는 지망생들의 불만이 쌓여 갔다.(24-25쪽)

비단 부와 소득만이 아니다. 대학 학위 소지자들의 수가 늘어나면서 이들 사이에서도 의자 뺏기 게임이 벌어졌다. 2000년에 이르면 학위 소지자들의 수가 이들에 대한 수요를 앞지르기 시작했다. 로스쿨이나 의과대학 혹은 더 높은 학위와 같이 의자에 더 가까이 가기 위해 더 비싼 비용을 지불하지만, 여기서도 엘리트 과잉은 불가피했다. 그 과정에서 부정행위가 만연하게 된 것은 피할 수 없었다. 규칙의 위반은 교묘했고 몇몇 경우는 규칙으로 잡아내지도 못할 만큼 사회에 만연했다.(118-122쪽)

부의 펌프의 반대쪽에서 대중의 궁핍화가 불만을 낳는다. 그 불만이 분노로 바뀌고, 분노가 과잉생산된 엘리트 지망자 집단과 결합하면 사회는 불안정해진다. 지위를 차지하지 못한 탈락한 엘리트 지망생들 중 일부는 대중에게 더 이상 현 지배계급이 궁핍을 없앨 능력도, 또 그럴 의사도 없는 집단이라고 공격하면서 자신이야말로 지배계급에 맞설 적임자임을 자임하고 나선다. 대중의 분노가 지배계급의 공격자로 나선 이들과 결합하고 급기야는 미국에서 트럼프 당선이라는 '기이한' 현상을 낳았다.

여기까지가 터친의 진단이다. 터친은 엘리트의 과잉생산과 대중의 궁핍화라는 두 키워드를 가지고 1980년대 이후 2020년대까지 트럼프의 등장으로 귀결되는 미국의 정치적 불안정성을 파헤친다. 더 나아가 터친은 엘리트 과잉생산과 대중의 궁핍화가 빚어내는 사회 변동은 현재 미국에서 나타나는 현상일 뿐 아니라 19세기 초 중국 태평천국의 난에서도, 중세 말 프랑스와 영국에서도 반복적으로 나타났으며, 중동 아랍의 봄도 다르지 않았다고 말한다. 과거 링컨의 등장도 트럼프의 등장도 동일한 힘이 작동한 사례들이며, 엘리트 과잉생산과 대중의 궁핍화라는 두 힘이 거의 모든 사회에서 100년을 주기로 계속 반복되는 패턴을 만들어 낸다고 말한다.

그래서 무엇을 해야 할까?

이 책에서 엘리트들 사이의 분화 및 그들 사이에서의 경쟁과 탈락을 묘사하고, 또 그것과 대중의 분노가 어떻게 결합하면서 정치적 변동을 만들어 내는지를 설명하는 과정은 매우 시사적이다. 이러한 결합이 미국에서 트럼프가 당선되는 것으로 이어지는 과정에 대한 묘사는 꽤 설득력이 있을 뿐 아니라 그 과정 여기저기에서 한국의 모습이 비쳐 보이기도 한다.

그런데 몇 가지만 더 생각해 보자. 그가 사용한(그리고 그가 꽤 쓸 만한 상품이라고 광고하는) 클리오다이내믹스라는 방법론이 전통적인 인과 분석 틀을 따르지 않기 때문에 많은 실증 연구자들의 눈에 어색해 보일 수도 있으며, 반복되는 패턴을 찾아내는 것 이외에는 추가적 지식을 찾아낼 수 없다는 의구심이 생긴다는 점은 여기서는 논외로 하자. 또한 과거에 반복된 패턴 속에서, 지배 집단만 바뀌었을 뿐 대중의 삶에는 변화가 없었던 불안정도 있었지만, 자유를 확대하고 대중에게 더 나은 삶을 가져다주었던 불안정도 있었는데, 터친의 모델이 보여 주는 반복적 패턴 속에서는 이렇게 서로 다른 방향을 지향하는 변화들이 구분되지 않은 채 혼재되어 설명되고 있을 뿐이라는 아쉬움도 일단은 논외로 하자.

그가 말하는 하나의 힘인 엘리트 과잉생산은 부의 펌프가 작동한 결과이다. 부의 펌프의 작동은 어찌 해볼 도리가 없는 힘인가? 지난 세기말 전후 미국 경제에서 부의 펌프의 작동이 멈춘 예외적인 시기가 있었다. 터친도 이 시기에 주목하는데, 그는 미국에서 1900년대 초에서 1970년대 초에 이르는 시기를 가리켜 '압착기'라고 부른다.(192-196쪽) 부의 펌프의 작동을 억제하기 위해 광범위한 사회계약이 맺어졌고, 고도의 성장이 이루어지면서도 불평등의 저하가 가능했던 시기였다. 복지국가가 원활히 기능하여 자본의 축적 과정과 보완적으로 작동했고, 노동자들의 제반 권리가 보장되면서 양적으로나 질적으로나 대중의 전반적 생활 수준이 높아진 시기였다. 부의 펌프의 작동을 막아 엘리트들의 과잉생산을 잠시나마 저지할 수 있었던 힘은 합의에 기초한 제도에 있었고, 그 제도적 장치가 일시적으로라도 대중의 궁핍화를 막을 수 있었다.

이 시기는 왜 종결될 수밖에 없었나. 이 시기의 한계는 무엇인가? 터친은 성장과 평등한 분배를 가능케 했던 사회계약이 오직 지배 엘리트와 백인 노동계급 사이에서 이루어진 한계를 갖고 있다고 말한다. 궁핍화 추세로부터 잠시나마 이탈할 수 있었던 것은 오직 백인 남성 노동자들이었고, 이 범주에 속하지 않은 이들은 대타협의 진영에서 배제되고 여전히 극심한 차별을 견뎌 내야 했다는

피터 터친은 엘리트 과잉생산을 참가자가 점점 늘어나는 의자 뺏기 게임에 비유한다. 참가자가 많아질수록 그들은 의자에 앉기 위해 점점 많은 부정행위를 일삼고, 낙오자의 불만은 점점 많이 누적된다.(출처: Unsplash)

터친의 지적은 옳다.(189-191쪽) 1980년대 이후 전후 합의가 해체되면서 그리고 신자유주의가 부상하면서 부의 펌프는 다시 작동했다. 엘리트 간의 과잉경쟁도 재현되었으며, 탈락한 엘리트 지망생들이 대중의 대변자로 나서면서 대중의 분노를 동원했다. 이 대목은 많은 생각거리를 남긴다. 그의 이야기 속에서는 엘리트들의 분화와 엘리트 경쟁에서 탈락한 이들의 이야기, 그리고 이들이 지배계급을 해체하고 새로운 질서를 가져올 새로운 대변자로 등장하는 과정은 무척이나 상세하게 다루어지는 반면, 그가 말하는 힘의 다른 한 축인 대중의 궁핍화와 분노는 부분적으로만 다루어진다. 그의 서사에서 대중은 수동적으로 동원되는 대상으로만 다루어진다. 어쩌면 이것이 현실일지도 모르고, 혹은 이들의 움직임을 세분화하고 분석적으로 다룰 데이터가 없기 때문일지도 모른다. 하지만 반복적으로 정치적 불안정을 만들어 내는 과정에서 대중의 분노는 왜 스스로의 목소리로 조직화하지 못하고 탈락한 엘리트들에 의해서만 대변되고 그들에 의해서만 동원될 수 있었는지, 탈락한 엘리트에게 열광한 대중은 정확히 누구인지(미국의 경우 다시 한번 백인 남성 노동계급인지, 아니면 대타협 시기에조차 배제되었던 이들인지, 혹은 누구였어야 했는지), 대압착 시기 동안 배제된 이들의 목소리는 어떻게 현실에 반영될 수 있는지 등의 질문은 여전히 답을 기다리고 있다. 엘리트 지망생들의 목소리를 통해서만 분노를 반영할 수 있다면, 그것이 불가피하다면, 우리의 역사는 터친의 말대로 같은 패턴을 계속 반복하는 것에 그칠 수밖에 없을 것이다. 반대로 합의에 기초한 제도가 마련되고 그 제도가 부의 펌프의 작동을 막을 수 있다면(역사는 아주 예외적이지만 이를 해낸 적이 있다), 그리고 그 제도가 더 많은 대중을 포용해 낼 수 있다면, 운명적 반복을 조금은 늦추게 되리라는 작은 희망을 품어볼 수도 있을 것이다.

월가 점령 시위 이후 1퍼센트 대 99퍼센트가 아니라, 0.1퍼센트 대 9.9퍼센트 대 90퍼센트가 문제이며 9.9퍼센트가 새로운 귀족으로 등장하고 있다는 이야기를 듣는다. 매튜 스튜어트(Matthew Stewart)는 《더 애틀랜틱》 기고문에서 9.9퍼센트가 교육과 문화를 독점하면서 나머지 90퍼센트에 대한 문화적, 정치적 영향력을 행사하고 있으며, 이들이 새로운 귀족계급으로 등장했다고 진단한 적이 있다.* 그에 따르면 9.9퍼센트는 자신들의 지향을 사회 보편

---

* Matthew Stewart, "The 9.9 Percent Is the New American Aristocracy", *The Atlantic*, June 2018, https://www.theatlantic.com/magazine/archive/2018/06/the-birth-of-a-new-american-aristocracy/559130/

적인 지향인 것처럼 만들고, 나머지 90퍼센트의 지향을 잘 대변할 수 있다고 스스로를 내세우는 집단이다.

　　대중의 목소리가 9.9퍼센트가 마련해 놓은 논리의 틀에 담겨서 9.9퍼센트의 입을 통해서만 전달되는 것이 아니라 그들이 직접 정치적 공간에 의견을 반영하고 의제화할 수 있으려면, 스스로의 목소리를 담아낼 논리와 그것을 전달할 힘이 필요하다. 한편으로 이는 자원과 역량의 문제이고 평등의 문제다. 다른 한편으로 배제된 이들의 목소리를 담아낼 통로가 마련될 수 있을지가 관건이라면, 이는 민주주의의 문제다. 평등과 민주주의, 너무 당연한 말이지만 여기에 실낱같은 희망이 있다. 서리북

최정규

경제학자. 경북대학교 교수. 제도와 인간의 본성을 이해하는 데 관심을 갖고 연구한다. 저서로는 『이타적 인간의 출현』, 『게임이론과 진화 다이내믹스』 등이 있다.

📖 2024년 노벨경제학상 수상자인 두 학자의 저작이다.
이 책은 자유가 싹트고 번성하려면 국가와 사회가 둘 다
강해야 한다고 말한다. 폭력을 억제하고 법을 집행하며
사람들이 스스로 선택한 것을 추구할 역량을 갖고 살아가는
데 꼭 필요한 공공 서비스를 제공하려면 강력한 국가가
필요하며, 동시에 이 강력한 국가를 통제하고 제약하려면
결집된 사회가 필요하다는 주장을 펼친다.

"독재국가가 불러오는 공포와 억압, 그리고 국가의 부재로
나타나는 폭력과 무법 상태 사이에 자유로 가는 좁은 회랑(the
narrow corridor to liberty)이 끼어 있다. 바로 이 회랑에서 국가와
사회는 서로 균형을 맞춘다. 균형은 혁명처럼 순식간에
이뤄지지 않는다. 균형을 맞춘다는 건 국가와 사회가
하루하루 끊임없이 싸워간다는 뜻이다. 이 싸움에는 혜택이
따른다. 회랑 안에서 국가와 사회는 단지 경쟁만 하는 것이
아니라 협력도 한다. 협력은 사회가 바라는 것들을 국가가
더 잘 제공할 수 있도록 국가의 역량을 키워주고, 이 역량을
감시할 사회적 결집을 촉진한다." — 책 속에서

『좁은 회랑』
대런 애쓰모글루·
제임스 A. 로빈슨 지음
장경덕 옮김
시공사, 2020

📖 토마 피케티는 이 책에서 데이터에 근거하여 불평등이
왜 양산되며 이 과정을 그대로 두었을 때 어떤 문제가
생기는지를 풀어 나간다. 피케티는 이 책을 통해 한편으로는
경제의 개방성을 유지하면서도 민주주의가 자본주의에 대한
통제력을 되찾고 공동의 이익이 사적인 이익에 앞서도록
보장할 수 있는 방법을 찾을 수 있다고 주장한다.

"이 연구의 종합적인 결론은 사유재산에 바탕을 둔
시장경제는 그대로 내버려두면 특히 지식과 기술의 확산을
통해 격차를 좁혀가는 강력한 수렴의 힘을 지니고 있다는
것이다. 그러나 이런 경제는 또한 민주사회와 그 사회의
기반이 되는 사회정의의 가치에 대한 잠재적 위협이 될
강력한 양극화의 힘도 지니고 있다." — 책 속에서

『21세기 자본』
토마 피케티 지음
장경덕 외 옮김, 이강국 감수
글항아리, 2014

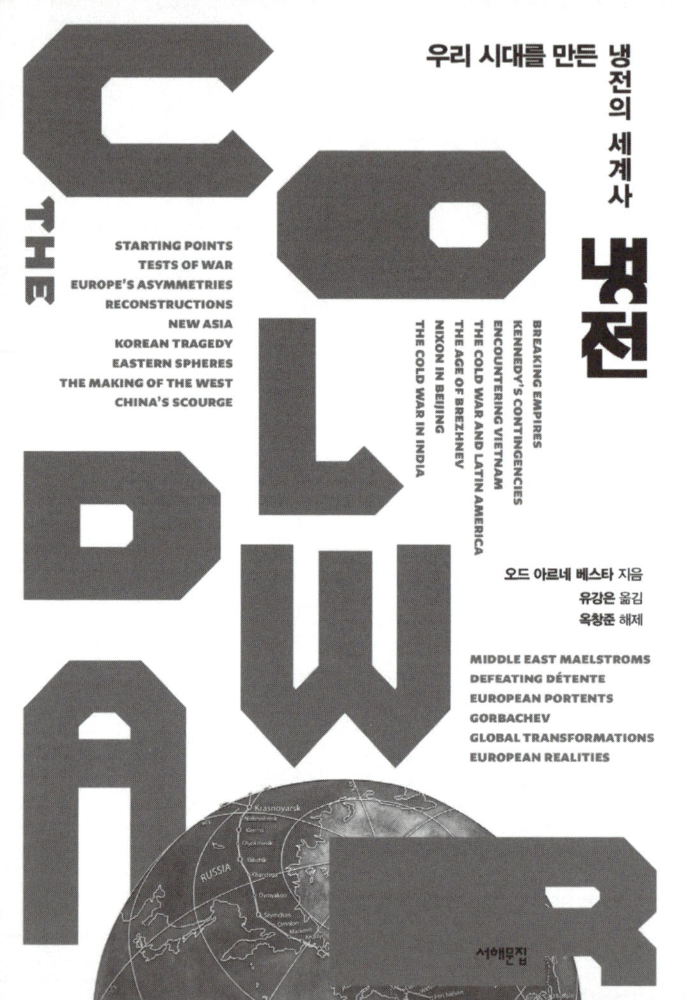

『냉전』
오드 아르네 베스타 지음, 유강은 옮김
서해문집, 2025

냉전사 쓰기의 난점, 냉전적 서사로 회귀할 함정

백승욱

전 지구적 관점의 냉전사 서술의 중요성

냉전 연구가 오드 아르네 베스타의 『냉전』은 냉전이라는 주제에 초점을 맞추어 20세기의 세계사(global history)를 집필할 수 있고 이를 대중적 눈높이에 맞추어 평이하게 서술할 수 있음을 보여 준 역작이다. '벽돌 두께 책' 집필이 얼마나 어렵고 때로는 삶을 갉아먹는 각고의 고통을 동반하는지 조금 아는 사람으로서 베스타의 『냉전』을 대하면, 우선 어떤 해부나 비판에 앞서 경탄과 존중의 마음을 갖지 않을 수 없다.

냉전의 한복판에서 살아온 한국 사람들로서는 냉전 시대에 다소 익숙하다고 할 수도 있다. 하지만 우리가 아는 냉전의 역사란 한반도를 둘러싼 체제 대결, 좀 더 나아가면 미국과 소련(중국)의 대결, 거기서 좀 더 나아가면 독일 분단과 일본의 전후 부흥 과정 정도인 경우가 많다. 베스타의 『냉전』은 냉전 시대 접근을 위해서는 한 시대 전체를 아우르는 전 지구적 구도의 이해가 필수적임을 주장한다. 미국과 소련이라는 냉전 대결의 핵심 축뿐 아니라 소련 영향하의 동유럽 국가들, 미국 영향하의 동아시아와 라틴아메리카, 사회주의의 조금 다른 계보이지만 소련과 뗄 수 없는 관계 속에 있는 중국과 쿠바, 더 나아가 냉전의 양극 구도가 독특한 영향의 궤적을 남기며 작동한 아프리카, 중동, 남아시아, 유럽 등 세계 구석구석을 남김없이 냉전이라는 구도 속에 담아내 보여 주면서, 냉전사가 특화된 한 부분적 역사가 아니라 진정한 20세기 세계사 서술일 수 있음을 그려낸다.

베스타의 작업은 냉전 공간을 전 지구로 확장하는 것에 그치지 않는다. 그는 이런 공간적 확장과 더불어 냉전의 이해를 위한 출발 시기를 우리 예상보다 훨씬 앞으로 당긴다. 보통 이야기하는 냉전의 출발점은 1947년의 처칠과 트루먼의 냉전 시대 발언, 1949년 중국 공산당의 건국 또는 1950년의 한국전쟁, 아니면 그 모든 구도의 출발점이라 할 1945년의 얄타회담이나 포츠담회담 정도일 것이다.

그렇지만 베스타는 냉전 역사의 출발점을 1890년대까지 앞당긴다. 미국과 러시아의 부상, 사회주의 세력의 형성 등 냉전의 핵심적 특징은 상당히 오래전에 형성되기 시작했고, 냉전사의 서술은 사실 '장기 20세기'의 서술과 같다고 주장한다. 이렇게 되면 냉전이라는 쟁점은 우리에게 익숙한 체제 대결이나 이데올로기 대결의 차원을 넘어서서 더 큰 질문을 담는 역사 연구 과제가 된다. 우리가 알고 있는 지난 한 세기는 그에 앞선 시대와 어떤 차이점을 보이며 그 시대는 어떻게 '냉전'이라는 핵심적 특징을 안게 되었는가? 그리고 그 시대의 종결은 지금 우리가 사는 이 시대를 이해하는 데 어떤 함의를 주는가? 이런 물음들을 '세계사'적 냉전 접근을 통해서 묻는다.

20세기 세계사적 사건 중 냉전과 연관되지 않은 일은 없을 것이다. 상이한 지역과 시기에 전개된 중요한 사건들을 냉전과 연관

(왼쪽부터) 이오시프 스탈린, 프랭클린 D. 루스벨트, 윈스턴 처칠이 1943년 테헤란회담에서 만났다.(출처: 위키피디아)

해 어떻게 이해할 것인지 알고자 할 때, 우리는 베스타의 『냉전』을 옆에 두고 관심 있는 파트를 찾아 세부 내용을 확인하고, 쟁점을 찾고, 참고문헌을 따라가면서 사고를 좀 더 발전시켜 갈 수 있을 것이다. 무엇보다 『냉전』은 냉전 시대를 '세계사적 맥락'에서 이해하고자 하는 모든 사람이 곁에 두고 읽는 중요한 '참고서'로서의 가치를 언제나 가질 것이다.

불균등한 『냉전』 서술의 아쉬움

그런데 여기서 좀 더 나아가, 지난 한 세기를 냉전이라는 구도를 통해 이해하는 것은 지금 시대를 살아가는 우리에게 어떤 새로운 질문을 제기하고 어떤 심화된 인식의 지평을 열어갈 수 있을지 생각해 보자면,『냉전』 독해는 새로운 질문이 연달아 제기되는 계기가 되지 않을 수 없다.

대중적 지식 보급을 목표로 쓴 '벽돌 두께 책'에 대해 왜 이런저런 내용은 담지 않았는지 또 이런저런 견해를 다룬 심도 있는 논평은 왜 없는지 등을 따지는 일은 '무례'일 수 있겠다. 하지만, 번역을 통해 소개된 이 책을 읽는 '냉전 국가 한국의 독자' 입장을 생각해 보고, 또 2022년 2월 러시아가 '특별 군사 작전'이라는 명목으로 우크라이나 영토를 침공한 이후 2년 반이 지나도 사태가 종결되지 않는 지금, 그리고 '트럼프 2.0'과 더불어 '우리가 알던 세계의 종언'을 겪고 있는 지금 이곳의 시점에서, 우리는 무례함을 무릅쓰고『냉전』에 대해 여러 가지 질문을 제기해 봐야 할 것이다. 그리고 이 질문을 통해 우리 시대를 이해하기 위해 과거 역사를 읽는 함의에 대해서도 좀 더 생각해 볼 수 있을 것이다.

이 책의 성과에 대해서는 많은 상찬이 있었을 테니, 여기서는 내가 던지고 싶은 질문을 중심으로 논의를 전개해 보기로 하자. 나는 몇 년 전 베스타의 책 세 권을 모아 함께 서평할 기회가 있었는데, 이번 서평은 그 서평에서 다룬 내용의 후속 작업이기도 하다.* 이전 서평은 베스타의 저작『냉전의 지구사』와 중국과 한국에 대해서 쓴 다른 두 권을 함께 묶어 쓴 것이었는데, 그 서평의 제목에서 "냉전 시각에서 벗어났는가"가 베스타 작업에 대한 나의 핵심 질문이었다. 냉전의 시야를 제3세계 특히 1970년대 브레즈네프 시대로 확장해 다차원적으로 설명해 낸 것이『냉전의 지구사』의 독보적인 큰 성과이고, 그 성과는 이번 책『냉전』에서도 이어짐은

---

* 백승욱, 「냉전 시대 연구의 심화 작업, 그러나 냉전 시각에서 벗어났는가?」,《통일과 평화》 14권 2호, 2022.

확실하다. 그러나 베스타의 글쓰기 스타일, 즉 여러 지역을 나누어 심도 있게 파헤치고 이를 병렬시켜 보여 주는 것은 그 독특한 작업의 효율성을 높이는 방식이지만, 그의 책을 읽으면 늘 냉전 시대를 보는 그의 핵심 관점은 무엇일까라는 질문이 떠오른다. 그래서 이전 서평에서는 『냉전의 지구사』에 명시적으로 드러나지는 않지만 주요한 그의 냉전 시대 인식을 우회적으로 살펴보기 위해, 중국 현대사와 한-중 관계사에 대한 강연록을 함께 검토해 보았던 것이다. 중국 현대사 전문 연구자 배경을 지닌 베스타의 냉전 인식에서 독특한 점은, 중국 현대사에서 '마오쩌둥 시기'라고 할 수 있는 사회주의 건설기를 분석해 볼 의미가 없는 '암흑기'로 취급해 거의 통째로 무시한다는 점이다. 한국사에 대해서도 단편적 지식을 통해 한국의 근대적 성과에 대한 높은 평가가 확인된다. 그래서 이런 태도를 포함해 여러 곳에서 확인되는 베스타의 입장을 정리해 보면서 나는 앞선 서평에서 세계사로 확장되는 베스타의 냉전사 서술의 새로운 시도가 값짐에도 불구하고 냉전적 서사에서 벗어나지 못하고 덫에 빠진 것이 아닌가라는 질문을 던졌던 것이다.

　『냉전』을 읽으면서 이런 의문은 오히려 더 커졌다. 아쉽게 느낀 것은 이런 대작을 쓰면서 『냉전』이 매우 불균등한 서술 구도를 보인다는 점이었고, 이는 그가 털어 내지 않은 냉전적 사고의 흔적을 보여주는 것이 아닐까 하는 생각이 남았다. 왜 그런지를 살펴보자. 『냉전의 지구사』에 이어 『냉전』에서도 베스타의 업적이 가장 돋보이는 부분은 비서구(소위 '제3세계')에서의 냉전, 특히 1970년대 (베스타가 '브레즈네프 시대'라고 이름 붙인) 이 지역에서의 냉전이다. 유가 인상에 힘을 얻은 소련이 미소 경쟁에서 우위를 확보하기 위한 군사적-정치적 영향력 확장을 주도하고 소련 공산당 국제부가 1930년대 코민테른을 연상시키는 글로벌한 개입 전략을 전개한

1972년 2월 21일, 미국의 리처드 닉슨 대통령이 중국의 마오쩌둥 주석과 회담했다.
(출처: 위키피디아)

이 시대가 어떻게 특정 지역에서 '냉전'을 '열전'으로 전환시켰는가를 이해하는 것이 중요함을 베스타의 연구를 통해 잘 알게 되었다. 『냉전』은 이 분석을 좀 더 넓게 확장해 중동, 라틴아메리카, 아프리카, 인도 등지에서 미국과 소련의 냉전적 경합이 각 지역의 특수성과 결합해 어떻게 독특한 궤적을 형성했는가를 보여 준다. 이런 지역 서술에서 베스타는 분석을 다면적으로 복잡화하고 전 지구적 맥락 속에 위치 지움으로써 값진 성과를 낳았다.

이 지역과 구분되게 그다음 베스타가 『냉전』에서 분석하는 중요한 지역은 냉전의 한 주축인 미국, 그리고 미국 영향하의 유럽(마셜 플랜을 계기로 해서)이다. 여기서 베스타의 분석은 구도의 복잡화, '미국이라는 외적 요인'과 유럽 각국 정치의 복잡성의 뒤섞임, 미국 내에서도 여러 세력과 행위자들의 복합성의 결합이라는 차원을 검토한다. 그럼으로써 냉전이 어떻게 20세기 중후반 독특한 '국가 간 체계' 질서를 구성해 냈고, 그 영향하에 각 지역이 각자의 길을 모색해 갔는지를 보여 준다. 각 지역에서 벌어진 내용을 좀 더 파고들어 새로운 쟁점을 제기할 수 있지 않았을까 아쉬움이 남기는 하지만 모든 것을 다루고 있으니 그 정도는 인정해 줄 만하다고 생각하자.

이 두 지역과 대조되는 세 번째 서술 대상은 소련 그리고 소련 영향하의 '현실 사회주의 국가들'이다. 그런데 여기 오면 앞서 두 지역을 분석하던 베스타의 태도는 상당히 달라져 아주 단순해진 구도로 이 지역들을 분석하는 것이 확인된다. 분석의 시야는 대체로 소련 '스탈린의 음모'나 마오쩌둥의 폭력적 권력욕에 초점을 맞추는 전체주의적 관점을 크게 벗어나지 않는 것으로 보인다. 동유럽의 2차대전 이후의 역사, 소련 현대사, 중국 사회주의사는 한 독재자의 '의도'와 '발언'을 중심으로 그 의지의 관철, 그리고 필연적인 붕괴의 역사처럼 그려진다.

탈냉전 시기, 특히 소련 해체와 각 지역의 문헌 자료의 공개 이후, 냉전 시대 사회주의 국가들의 흑역사가 적나라하게 드러나고 그 사회주의 시기에 대한 재조명과 재평가가 중요한 역사적 과제가 되고 있음을 부정하자는 것이 아니다. 요점은, 그 시기를 현재적 관점에서 보려면, '독재자의 사악한 의도'라는 단순한 전체주의적 시야를 벗어나 베스타가 제3세계나 미국과 연관된 지역에 적용한 성과를 거둔 '복잡성과 글로벌 맥락'이 이 세 번째 지역에도 비슷하게 적용될 필요가 있었다는 것이다.

새로운 냉전 연구 성과를 담아내고 있는가?

어떤 점이 문제인지 검토해 보기로 하자. 베스타의 『냉전』을 읽고 의아하게 생각한 것은 그가 자기 학자 경력에서 가장 중요하게 간주하는 (그가 두 명의 편집자 중 한 명으로 참가한) 『케임브리지 냉전사』의 집단 작업이 이 책의 주요 참고문헌으로 제시되지 않을 뿐 아니라 그가 냉전의 기원과 작동에 대해 새로운 수정주의적 관점이라고 할 만한 시각을 제시하는 『케임브리지 냉전사』를 그다지 받아들이지 않고 오히려 전통적인 냉전 인식에 가까운 태도를 보인다는 점이다. 소련 해체 이후 소련 문서고가 열리고 미국에서도 기밀 해제 자료들이 공표되면서 냉전사 연구에는 이 『케임브리지 냉전사』를 비롯해 새로운 접근이 많아지고 있다. 그래서 냉전을 글로벌 역사의 관점과 연결하는 새로운 접근이 시도되고 전개된다고 할 수 있다. 몇몇 중요한 성과를 거론하면서 『냉전』과 대조해 보자.

중국에서는 중화인민공화국 건국과 냉전으로 나아가는 과정의 복잡성을 다루는 새로운 접근이 후진타오 시대에 집중적으로 등장했다. 이는 양쿠이쑹의 『중간지대의 혁명』(중국어본)이나 션즈화의 『조선전쟁의 재탐구』를 통해 제시된 바 있고, 션즈화는 2022년에 『경제 소용돌이』(중국어본)에서 얄타 체제 형성기의 미-소의 경제 협력의 새로운 측면을 부각시키기도 했다. 냉전은 둘로 나뉜 세계가 아니라 하나로 묶인 세계의 구도에서 그것도 미-소 협력의 구도에서 이해 가능하다는 논점이다. 내가 의아하게 생각하는 것은, 개인적으로 베스타는 션즈화와 친분도 있다고 알고 있는데, 이 중요한 새로운 시각에 왜 관심을 보이지 않는가 하는 것이다.

2차대전 패전국인 독일과 일본의 역사 과정에 대해서도 이언 커쇼의 『히틀러』나 우디 그린버그의 『바이마르의 세기』, 존 다우어의 『패배를 껴안고』, 앤드루 고든의 『현대 일본의 역사』 등은 냉전 질서 형성의 전제로서 추축국의 전사의 중요성을 심도 있게 파고든다. 베스타는 냉전을 '장기 20세기' 관점에서 다루지만 그 핵심에 있는 이 추축국의 도전과 전후 재편 문제를 본격적으로 다루지 않는다.

이런 새로운 관점들의 등장은 얄타 협상으로 가는 길에 대한 수정주의적 해석에도 연결되는데, 루스벨트-스탈린의 왕복 서한 분석에 기반한 수전 버틀러의 새로운 해석(『루스벨트와 스탈린』(영어본))은 냉전의 대립 이전에 존재하는 '얄타 협력'에 더 주목하고 있다. 이 또한 '장기 20세기'라는 질문에 연결되는데, 대체 19세기 위기의 핵심은 무엇이고 얄타에서 미-소 협력은 이 위기를 넘어서는 어떤 20세기적 구도 건립에 '합의'를 했던 것인지, 이 '얄타 구상'이라고 할 만한 전 지구적 구상은 왜 현실에서 냉전의 '얄타 체제'로 굴절되었는지는 지금 시대 위기를 이해하기 위해서라도 간단한 문제는 아니다.*

얄타 구상이 남긴 이 독특한 성격은 『케임브리지 냉전사』가 새로운 시각에서 접근하는 마셜 플랜의 함의, 독일 점령에서 분단의 길의 함의 등에서도 확인된다. 베를린 공동 점령이라는 유럽 냉전의 독특성을 보여 주는 외교관 출신 윌리엄 스마이저의 『얄타에서 베를린까지』는 미국과 소련의 독특한 '맞물림'이 위기의 증폭뿐 아니라 위기의 관리 차원에서도 어떻게 이해될 수 있는지를 보여 준다.

이런 몇 가지 성과를 거론한 이유는, 이런 접근들이 모여서 우리가 냉전 시대라고 부른 지난 20세기의 복합적 특징들에 대한 좀 더 새로운 이해가 가능해질 수 있기 때문이다. 냉전의 대립 이전에 냉전 시대가 두 차례의 세계대전을 나름의 방식으로 지양한 체제였음을 재인식한다면 지금 그 함의는 더욱 중요해지는데, 21세기

---

* 백승욱, 『연결된 위기』(생각의힘, 2023).

지금 시점, 러시아-우크라이나 전쟁과 트럼프 재등장 이후 현재 우리는 어떤 세계 질서의 붕괴를 겪고 있으며 어떤 다른 질서가 등장하고 있는지, 이 중요한 문제를 탐색할 때 냉전기가 중요한 비교 분석 준거가 될 수 있을 것이다.

심화가 필요한 쟁점

이런 새로운 냉전사 연구를 베스타의 작업에 되돌려, 베스타가 집중해 다룰 수도 있었으나 다루지 않거나 가볍게 무시했던 쟁점들을 거론해 보자. 앞서 이야기했듯이 이 방식이 『냉전』을 곁에 두는 중요한 참고서로 활용하면서 우리가 역사적 질문들을 새롭게 벼릴 수 있는 방식일 것이다.

첫 번째는 시기 구분이다. 앞서도 말했듯이 베스타는 먼저 전체 시기 구분을 한 다음 개별 시기 내에서 그에 맞춰 서술하는 방식을 좋아하지 않고, 분산된 영역들의 특성들을 논의하고 그것을 모아가는 방식을 선호한다. 하지만, '장기 20세기'로서 100년 이상의 냉전을 다루려면 시기 구분은 중요한 쟁점이다. 냉전의 씨앗이 등장한 시기(미국과 러시아의 새로운 부상, 러시아혁명의 등장 등의 시기), 추축국의 도전이 부상하면서 미소 양극을 중심으로 새로운 요소가 정착되는 시기, 냉전의 요소가 냉전의 시기의 특징과 대립으로 자리매김하는 시기, 냉전의 안정성이 불안정성으로 전환되고 냉전이 해체되는 시기의 구분은 중요하다고 생각되지만, 베스타에게서 이 구분을 찾기는 쉽지 않다. 우리의 과제일 것이다.

둘째로, 그 전환점에서 중요하게 거론되어야 할 '얄타 구상'의 문제가 있다. 베스타의 서술을 따라가다 보면 공산주의 세력의 등장으로부터 냉전의 형성과 냉전의 붕괴로 이어지는 과정은 매우 필연적이며, 이는 공산주의자들의 도발과 미국의 수동적 대응의 과정처럼 읽힌다. 그렇지만 앞서도 언급한 최근의 연구 동향, 그리고 『케임브리지 냉전사』에서도 확인되는 새로운 접근은 2차대전 종결 시점에서 냉전이라는 진영 대립이 지금 생각처럼 그렇게 당연하고 필연적인 것은 아니었음을 보여 주고 있다. 베스타의 설명 방식은 악의적 소련과 순진한 미국이라는 구도로서 얄타 시기를 다루는 한계를 벗어나지 못하고 있는 것처럼 보이지만, 최근의 분석은 이 얄타 구상의 형성을 그보다 훨씬 복합적이고 글로벌한 구도로 분석할 수 있음을 확인시키고 있다. 베스타가 '냉전 맹아'의 필연적 확장 발현이라는 관점에서 20세기사를 설명하는 것처럼 보이는데, 그렇게 되면 가볍게 지나치는 것이 2차대전 추축국, 특히 독일 히틀러 국가의 등장과 위협이라는 문제이다. 1차대전 종결의 실패가 2차대전의 독일의 도발로 다시 이어졌고, 그러면 2차대전 종결 방식은 어떻게 독일의 위협(부차적으로 일본의 위협)을 불가능하게 만들 것인가가 우리가 아는 냉전 형성의 중요한 출발점이었다고 할 수 있다.

　이 책을 집필한 2017년의 시점에 베스타는 유럽의 미래에 대해 낙관적 모습을 보이는 듯하다. 하지만 10년 정도가 지난 현재 시점에서 유럽과 독일의 미래를 보자면, 독일을 위한 대안(Alternative für Deutschland, AfD) 등 다양한 극우 세력의 약진과 위협은 작은 문제가 아니고 이는 냉전 시대 이해와 뗄 수 없는 질문이다. 이런 변화는 러시아-우크라이나 전쟁, 트럼프의 재등장과 밀접한 관계에 있고 결국 NATO 형성기의 질문을 불러낸다. 1932년 33.1퍼센트 득표로 집권에 성공한 히틀러의 길에 대한 기억을 가지고 있는 유럽은 20퍼센트 지지율을 넘어서 나치당 궤적을 따라가는 듯 보이는 AfD의 약진을 어떻게 받아들일까? 그리고 이는 왜 냉전의 종식 이후에 등장한 것일까.

셋째, 동서 냉전의 차이이다. 냉전 해체 이후, 그리고 러시아-우크라이나 전쟁 이후 세계는 균질적이지 않다. 상대적으로 안정적 지대로부터 완전히 무정부적 정글의 지대까지 분화하고 있고, 이 현실 또한 얄타 구상으로부터 시작한 2차대전 종결 질서에 대한 이해 없이 분석이 불가능하다. 그리고 여기서도 중요한 논점 중 하나는 2차대전 전후 처리에서 독일과 일본의 처리 방식의 차이가 왜 발생했고, 그것이 이후에 어떤 영향을 미쳤는가 하는 문제다. 독일은 군정 체제로, 일본은 총사령부하의 내각 부활 방식으로 점령이 이루어졌다. 이를 시작으로, 1951년 강화조약이 체결된 일본(샌프란시스코 강화조약)에 대비해 독일의 경우 강화조약은 1991년 통독 이후에야 가능했다. 유럽의 전후 체제가 소련을 지목하면서 실질적으로는 독일을 유럽의 틀 속에 가두는 '이중 봉쇄'로 작동했다면, 동아시아는 미국과의 개별적 군사동맹 체제로 일본의 관리가 이어졌다는 점을 들 수 있다. 동아시아의 안보적 질서가 중국의 반대로 1951년(샌프란시스코 강화조약), 1953년(한국전쟁 정전협정), 1954년(제네바회담)이라는 계기에 어떻게 중단되어 이 지역의 현재적 쟁점이 되는가라는 질문에 대한 답은 동서 냉전의 비교 연구로부터 시작해야 한다.

넷째, 미국과 관련된 쟁점에 대한 분석이 너무 소략하다. 20세기가 냉전의 세기였다면 그 핵심 특징은 '미국의 세기', '세계의 미국화'에 있었다고 할 수 있다. 그러면 미국의 독특성에 대해 좀 더 천착할 이유가 있는데, 미국의 사상적-제도적 특징이(그중에는 독특한 기독교 복음주의나 '프런티어'라는 영토 사유가 있는데) 어떻게 미국적 냉전 사유를 형성했고, 그것이 어떻게 지금도 영향을 미치는지, 뉴딜적 전환은 무엇이었고 무엇이 전환되었는지(루스벨트의 계승자라 할 앨저 히스, 해리 덱스터 화이트, 로버트 오펜하이머 모두 매카시즘에 의해 어떻게 제거되었는지

베스타는 냉전의 역사적 출발점을 1890년대까지 앞당기므로, 이러한 서술은 '장기 20세기'의 서술과 같다고 주장한다.(출처: Sora)

를 되돌아보자면), '아메리카 퍼스트'라는 미국의 오랜 주장은 어떻게 냉전 이전부터 냉전을 거쳐 지금까지 이어지는지, 세계의 미국화는 무엇을 남겼고 무엇에 실패했는지를 좀 더 깊이 있게 다룰 필요가 있을 것이다. 동유럽의 비극에 대해서 아주 길게 설명한 베스타는 라틴아메리카의 비극에 대해서는 한두 줄로 가볍게 넘어가면서 그것이 꼭 미국 책임은 아니고 현지 문제이기도 하다는 지적을 하고, 1965년 인도네시아 수하르토의 50만 명 대학살에 대해서도 그저 한 줄 간단히 언급하고 넘어가는데, 이 또한 그의 냉전 서술의 불균등함을 보여 준다는 점에서 '징후적'이다.

　　다섯째, 베스타의 전문 영역인 중국 문제로 돌아와서 마오쩌둥 시대를 몇 줄의 암흑기로 다루는 것으로 냉전의 시대가 설명될 수 있는지를 질문해 보아야 할 것이다. 지금 '중화 민족의 위대한 부흥'을 내세우며 등장한 '시진핑 시대'의 특징과 모순의 이해를 위해서라도 심도 있는 분석이 필요하다. 문화대혁명이라는 비극에 대해서만 보더라도 중국 내에서 조반파(造反派) 출신의 자유주의자들이 제기하는 복합적 모순으로서 문화대혁명을 파악하는 주장(쉬여우위, 첸리췬, 인훙뱌오 등)은 그 시대로부터 현재까지 이해를 확장하는 데도 필수적으로 고려해야 하는 관점이다. 문화대혁명이 세계로 확대되면서 '인민에게 권력을'이라는 구도가 '인민 전쟁'으로 전환되고 그것이 다시 '적들의 폭력적 섬멸'로 이어지는 폭력의 연쇄 고리의 형성에 대해서는 차라리 줄리아 로벨의 『마오주의』의 분석이 더 울림을 주고 있다고 할 수 있다.

　　여섯째, 냉전 이후 다시 부상하는 세계의 분열이다. 『냉전』은 그 집필 시기에 영향력 있던 '역사의 종언'이라는 후쿠야마류의 낙관주의의 울림을 다소 담고 있는 듯하지만, 이미 2008년 세계 경제 위기 이후 세계의 균열은 커져서, 우선 서구는 냉전 종료의 성과를 자기 체제의 안정성으로 이어가지 못했다. 세계 도처의 포퓰리즘, 극우 세력의 등장과 집권, 브렉시트와 트럼프의 등장이 그것을 잘 보여 준다. 비서구 또한 냉전 시대의 통제와 관리에서 벗어나는데, 이슬람 문명의 부상이라는 질문이 제기된다(여기서도 차라리 아이라 라피두스의 『이슬람의 세계사』 같은 분석이 제시하는 더 긴 역사 관점이 중요할 수 있다). 그리고 그 바깥에서 중국의 등장에 대해서도 더 긴 시간대를 가지고 질문하는 것이 필요하다.

냉전 시야를 넘어서는 진정한 글로벌 냉전사가 필요하다

냉전 시대가 종료되었다는 것은 질문의 경계를 무너뜨리고 질문의 한계를 넘어서는 새로운 접근이 가능해짐을 의미한다. 냉전은 대결이기만 했던가 아니면 억제이기도 했던가. 냉전 시대가 눌렀던 모순들이 지금 왜 이런 방식으로 떠오르는 것일까. 냉전의 종식은 사회주의의 패배만이 아니라 자유주의의 종언이기도 하다는 것을 어떻게 이해할 것인가.

결국 냉전 시대를 다시 묻는 이유는, 이 시대를 자기 방식으로 끌어가고자 한 두 세력 즉 미국과 소련 공히 19세기 위기를 돌파하는 각자의 대안이 경합을 벌인 이 시대에 어떤 나름의 해결책이 모색되어 일정 시기 특정한 질서가 유지되었는가를 확인하고자 하는 것이다. 그 질문의 핵심은 19세기 위기를 낳은 '자기 조정적 시장경제'의 무오류성이라는 신화를 유지할 수 있는지, 인민 주권의 시대를 정치의 틀 속에 어떻게 담아낼 수 있는지, 그리고 식민주의 시대를 탈피해 민족자결의 틀을 어떻게 수립할 것인가였다고 할 것이다.

냉전의 두 진영은 이 문제를 나름의 방식으로 대응하기 위한 시도를 보였는데, 서로 접속하지 않는 떨어진 분리-독립된 공간에서 작동해 온 것이 아니라, 우리 오해와 달리 내적으로 영향을 받고 하나로 연결되어 있으면서 상대적으로 분리된 듯한 착시효과를 주는 통일된 체계 내에서 작동해 온 것이라고 할 수 있다. 그래서 한 축의 붕괴는 다른 한 축의 승리가 아니라, 두 세력을 묶은 한 시대의 종료와 위기의 재도래로 인식되어야 하는 것이다. 냉전사를 연구하되 냉전적 사유에서 벗어날 필요는 이 때문에 제기되는 것이고, 베스타의 『냉전』을 읽으면서 지속적으로 느끼는 아쉬움도 여기에 기인한다. 서리북

백승욱

서울대 사회학과에서 박사학위를 받고 한신대 중국지역학과 조교수를 거쳐 현재 중앙대 사회학과 교수로 재직 중이다. 현대중국학회 부회장, 비판사회학회 회장을 역임했다. 저서로 『중국의 노동자와 노동 정책』, 『중국 문화대혁명과 정치의 아포리아』, 『생각하는 마르크스』, 『자본주의 역사 강의』, 『1991년 잊힌 퇴조의 출발점』, 『연결된 위기』 등이 있다.

📖 러시아, 중국, 미국에서 새롭게 비밀 해제된 문헌을 심도 있게 분석해 냉전 전환의 결정적 계기인 한국전쟁의 기원과 전개 과정에 대해 냉전적 시각으로부터 거리를 두고 복합적, 비결정론적 시각에서 정세론적 분석을 시도한 중요한 성과이다.

"중국이 적시에 정전을 하지 않음으로써 발생한 또 다른 결과는, 국제정치 무대에서 중국 자신이 고립되었다는 점이다. 조선전쟁이 발발하기 전, 유엔의 대표권 문제는 중국에 유리하게 전개되고 있었다."— 책 속에서

『조선전쟁의 재탐구』
션즈화 지음
김동길 옮김
선인, 2014

📖 유럽 냉전의 핵심지인 독일에서 냉전이 미국과 소련의 베를린 공동 점령이라는 독특한 형식을 통해 어떻게 유지·관리되었는가를 보여 준다. 외교관으로 당시 현장에 참여했던 경험을 녹여 내고 미소의 공동 점령이 대립뿐 아니라 상시적 막후 협상의 틀로 어떻게 기능했는지도 잘 보여 주며, 독일 재통일 과정을 거쳐서 비로소 2차대전 강화 조약이 체결된 역설도 잘 보여 준다.

"1946년이나 1958년에는 불가능했던 해결이 1970년이나 1990년에는 가능해졌다. (……) 소련과 서방은 독일이 그 둘 사이의 공간을 채울 수 있었을 때 비로소 냉전을 끝낼 수 있었다." — 책 속에서

『얄타에서 베를린까지』
윌리엄 스마이저 지음
김남섭 옮김
동녘, 2019

『김용구 연구 회고록』
김용구 지음
연암서가, 2021

오지의 지질학자가 남긴 연구 기록

옥창준

"우리들은 편방(偏邦)에서 태어나
온 천하를 두루 관람하지 못하기 때문에
항상 우물 안에 앉아서 하늘을 쳐다보는 듯
문견(聞見)의 좁음을 탄식하게 된다."
— 송시열, 「황여고실(皇輿考實) 서」(1673년)

회고록을 읽는 일

누군가의 회고록을 읽는 것을 좋아한다. 회고록이라는 장르가 한 개인의 제한된 경험만을 다루고, 그중에서도 선택적으로 기억을 꺼내며, 저자 자신의 자의식이 강하게 투영된다는 점을 알고 있음에도 그렇다. 좋아하는 데에 꼭 이유를 댈 필요는 없지만 굳이 생각해 보면, 회고록에서만 얻을 수 있는 소소한 정보들과 또 저자가 의도했든 의도하지 않았든 자연스럽게 드러나는 자의식을 깊이 들여다볼 수 있어서일 것이다. 그래서 이 장르를 말 그대로 '격하게' 애정한다.

특히 학자들이 남긴 회고록을 보면 그들이 어떤 책의 영향을 받았는지, 또 어떤 학자들과 교류하며 지냈는지까지 새롭게 알게 되는 즐거움이 있다. 회고록을 통해 당대의 모습을 생생하게 재구성하는 맛도 쏠쏠하다. 또한 한 개인의 삶 속에서 공부가 어떤 의미를 지니는지 읽어 나가며, 한 명의 연구자로서 나의 삶과 앎을 반추해 보기도 한다. 그러면서 문득 이런 발칙한 상상을 해본다. 내가 사는 시대의 연구자들은 과연 회고록을 쓸 수 있을까? 그리고 나는 동시대의 사람들이 쓴 지적 회고록을 읽어볼 수 있을까?

이런 생각이 드는 이유는 한 연구자의 탄생과 성장에 있어, 시대와 환경이 주는 무게가 예전보다 훨씬 가벼워졌다고 느끼기 때문이다. 요즘 연구자들은 시대를 꿰뚫는 거대한 질문에 대한 탐구보다는 각자의 관심사에 더 집중한다. 조금 더 노골적으로 말하면, 세계 학계의 중심부인 미국에서 최근 유행하는 주제에 맞추어 자신의 '연구 핏'을 조정하고, 이와 관련된 다양한 스펙을 이르면 학부 때부터 준비하고는 한다. 이렇게 하면 더 좋은 대학원에 들어가고, 더 유명한 저널에 논문을 싣고, 인용 횟수가 많은 논문을 쓸 수 있을지는 몰라도, 나라면 이런 부류의 연구자가 쓴 회고록을 굳이 따로 찾아 읽고 싶지는 않을 듯하다. 연구자의 삶에 있어 가장 중요한 문제의식의 탄생을 시대라는 맥락과 개인의 삶과 연결 지어 해석하기 어렵기 때문이다.

선행 연구를 포함하여 주변 사람들의 글조차 제대로 읽지 않은 채, 자기 연구 성과만을 내는 데에 골몰하는 것이 오늘날 학계의 쓸쓸한 현실이다. 그렇기 때문에 지금 시대의 연구자들은 일반인들보다 경험하는 세계가 더 좁을지도 모른다. 이런 기이한 상황이 지속된다면 자신이 하는 연구의 시대적 위치를 가늠하고 이를 회고해 본다는 생각은 그야말로 언감생심이다.

이런 점에서 2021년 출간된 『김용구 연구 회고록』(이하 『회고록』)은 김용구(1937-2025)가 2025년 타계하면서 세상에 남긴 마지막 작품인 동시에, 현재의 학계 상황을 고려해 볼 때 앞으로도 다시 나오기 어려운 매우 귀중한 작업이 아닐 수 없다. 이 책의 부제처럼 '한국 국제정치학의 발전을 위한 60년의 사색'이 어려운 환경이 되었기 때문이다.*

아쉽게도 『회고록』의 구성이 김용구의 생애를 순서대로 따라가는 일인칭 주인공 시점이 아니라 연구 주제에 따라 나누어 구성되어 있어서, 『회고록』은 김용구라는 인물은 처음 접하는 독자에게는 다소 어려운 책이 될 수도 있다. 그래서 이 글에서는 김용구 또는 그의 연구를 잘 모르는 사람이더라도 『회고록』을 흥미롭게 읽을 수 있도록, 특히 그의 연구에 초점을 맞추어 보려고 한다. 자료가 부족한 상황에서 새로운 분야를 개척하며 연구를 해 나간 그의 모습을 주로 살펴볼 것이다. 물론 평생 연구자로 살아온 이의 회고록에서 김용구 개인도 완전히 분리해서 보기는 어렵겠지만 말이다. 이제 시계를 60년의 긴 사색이 시작된 순간인 1960년대로 돌려 보자.

서양 사상 연구자에서 외교사 연구자로

1964년, 스물일곱 살의 김용구는 「J. J. Rousseau의 평화사상: 국가연합사상을 중심하여」라는 제목의 석사 논문을 제출한다. 이는 한국에서 나온 최초의 루소 관련 학위 논문이었다. 당시 많은 대학생이 그랬듯, 김용구 역시 후진국의 학도로서 선진 서양의 지식을

---

* 현재까지 한국 국제정치학자들이 쓴 회고록을 출간순으로 정리하면 다음과 같다. 정세현(1945-), 『판문점의 협상가』(창비, 2020); 하영선(1948-), 『사랑의 세계정치』(한울, 2019); 한승주(1940-), 『외교의 길』(올림, 2017); 최상용(1942-), 『중용의 삶』(종문화사, 2016) 등.

배우고 싶어 하는 '서양열'이 강했을 것이다. 그가 쓴 석사 논문의 참고문헌은 전부 서양서였으며, 한국어 자료는 전무했다. 루소는 여전히 'Rousseau'였지, 아직 한국의 '루소'가 되기에는 어려운 존재였다. 그만큼 당대 한국의 지적 환경은 척박했다.

　　그러나 루소를 향한 김용구의 관심은 혼자만의 문제의식을 반영한 것은 아니었다. 석사 학위 논문을 지도한 이용희가 1962년부터 1964년까지 루소의 국제정치 관련 저술을 수업에서 체계적으로 다루었기 때문이다.(125쪽) 그런 점에서 『회고록』이 자신의 생물학적 삶이 아니라, 학문적 삶을 열어준 스승 이용희와의 긴 인연을 언급하면서 시작하는 것은 지극히 자연스럽다.(21-24쪽)

　　실제로 김용구보다 조금 이른 시기에, 미국에서도 케네스 월츠(Kenneth Waltz)가 컬럼비아대학교에서 쓴 박사 논문을 발전시켜 『인간, 국가, 전쟁』(1959)을 마무리하고 있었다. 월츠는 국제 사회에는 국가들의 갈등을 조정할 상위의 권위체가 없다는 점을 강조했다. 그가 루소를 주목한 이유도 국가 간 전쟁의 필연성과 그 근본 원인인 국제 사회의 무정부 상태(anarchy)를 언급한 사상가였기 때문이다.

　　반면 김용구는 루소의 사상에서 전쟁과 '전쟁 상태(L'état de guerre)'를 구분했다는 점을 더 의미 있게 보았다. 실제 전쟁과 구분되는 잠재적 전쟁을 뜻하는 전쟁 상태라는 개념은 한반도에서 냉전을 경험한 김용구에게 그 현실을 잘 설명해 주는 틀이었다. 비슷한 시기에 같은 루소를 읽었더라도, 국제정치의 중심에서는 권위체가 없는 상태를 규명하고 이를 이론화하는 것이 중요했다. 반면, 국제정치의 주변이었던 한반도에서는 현실을 이해하게 해주는 개념이 더 중요했을 것이다. 더 나아가 김용구는 루소를 빌려 전쟁 상태를 평화 상태로 바꾸는 방법까지 함께 고민했다.

이러한 점을 생각할 때 김용구가 계속 루소를 연구했다면, 훗날 국제정치 이론의 신현실주의를 이끈 월츠와 지적 토론을 벌였을지도 모른다. 하지만 이는 현실화되지 못했다. 지금도 그렇지만, 당시 한반도에서 지식 체계를 일관되게 가꾸어 나가기에는 환경이 녹록지 않았기 때문이다. 김용구 자신도 한국에서 서양 정치 사상을 연구해서 과연 세계적인 수준의 성과를 낼 수 있을지 깊이 고민하고 있었다.(26-27쪽)

1963년의 어느 날, 이용희는 석사 논문을 쓰고 있던 김용구를 호출했다. 당시 이용희는 같은 해 일본에서 발간된 외교 문서집에 큰 자극을 받은 상태였다.(18쪽) 한국에서도 이와 같은 자료집이 필요하다고 판단한 이용희는 곧바로 정리 작업에 착수했고, 김용구가 실무를 맡았다. 각고의 노력 끝에 중국, 일본, 미국, 영국, 독일, 프랑스 등 여러 나라의 외교 문서를 총망라한 『근세한국외교문서총목』이 만들어진다. 이 책의 제목을 좀 더 쉽게 풀어 본다면 '외국의 외교 문서에 나타난 근세 한국' 정도라 할 수 있다.

그렇다면 왜 한국이 아니라 외국의 외교 문서를 정리했을까. 대원군 시대부터 조선 왕조가 막을 내리는 이 시기는 '이질적인 두 국제정치 질서의 교착기의 외교사'라는 점에서 독특했다. 일본에는 이미 존재했던 '외교'가 조선에는 존재하지 않았다. 사대교린(事大交隣)의 입장을 취했던 조선 정부는 스스로 다른 국가와 교섭에 나서는 '외교(外交)'에 적극적이지 않았고, 외교 당사자로서의 의식도 부족했다. 오히려 외교는 사사로운 교류라 부정적으로 인식되기도 했다. 따라서 이 시기의 한반도를 둘러싼 외교의 전모를 파악하려면 외국의 자료에 의존할 수밖에 없었다. 외국의 문서를 읽어 내면서 조선의 외교사는 비로소 세계사의 흐름과 연결될 수 있었다. 이처럼 누군가에게는 너무나 자명한 외교사는 한국의 입장에서는 결코 당연한 것이 아니었다. 한국과 다른 나라의 격차, 그리고 그것이 무엇을 의미하는지를 김용구는 남은 삶 동안 고민하게 된다.

반주변의 관점과 문명의 정신분석

그러나 이는 결코 쉬운 길이 아니었다. '외교'를 제대로 의식하지 못했던 한국의 외교사를 연구하기 위해서는 외국의 외교 문서를 분석하고, 그 안에 나타난 한국이라는 나라의 이미지부터 읽어 내야 하는 이중고를 겪어야 했다. 또한 이러한 작업을 위해서는 다양한 언어 습득이 필요했다. 김용구는 한문을 비롯해 일본어, 중국어, 영어, 프랑스어, 러시아어 등을 배웠다. 이후 김용구는 해외에 나갈 때마다, 일본을 시작으로 여러 나라에서 다양한 자료를 수집해 왔다.(52쪽) 하지만 당시 학과 사정상 그는 정치사상이나 한국 외교사 수업을 맡을 수 없었다.(144쪽) 이런 상황에서 국제법을 공부해 보라는 스승 이용희의 조언을 듣고, 김용구는 교수로 재직하면서 소련 국제법을 주제로 박사 학위를 취득한다. 소련 국제법 연구는 김용구의 학문적 생애에 있어 매우 중요한 전환점이 되었다.

　　냉전으로 소련에서 직접 자료를 열람할 수 없었기 때문에, 김용구는 1975년부터 1977년까지 파리에 머물면서 프랑스어 및 다른 서구 언어로 된 소련 자료를 꼼꼼히 조사했다.(145쪽) 프랑스는 그가 일찍이 연구했던 루소부터, 그가 좋아한 스탠리 호프만(Stanley Hoffman), 레이몽 아롱(Raymond Aron)과 같은 뛰어난 지성계의 스타들을 낳은 곳이기도 했다. 프랑스 고유의 지적 전통을 이어받은 프랑스 국제정치학계는 일찍부터 수량화되고 있던 미국 국제정치학계를 향해 비판적 목소리를 높이고 있었다. 이런 프랑스의 학문적 분위기를 경험하며, 김용구는 단순히 강대국의 이론 체계를 전파하는 데 그치는 지적 기술자가 되는 길을 피할 수 있었다.

또한 방대한 소련 문헌 자료를 조사하면서 김용구는 좁은 의미의 한국 외교사 전문가를 넘어, 소련의 근간을 이루는 러시아의 본질을 깊이 있게 공부할 수 있었다. 그에게 러시아는 유럽과 아시아 사이에서 그 정체성을 누구보다 고민하는 문명이자 국가였다. 유럽 국제 사회는 늘 러시아에 대한 공포와 러시아를 봉쇄하는 문제를 고민해 왔다. 사회주의 혁명 이후 새롭게 등장한 소련을 봉쇄하는 전략 역시 그 연장선에 있었다. 김용구는 소련의 역사를 독특한 시기로 보지 않고, 이를 긴 러시아의 역사 속에서 이해하고자 했다.(153쪽)

반면 김용구가 보기에 한국의 국제정치학자들은 미국의 관점에서만 소련을 바라보고 있었다. 심지어 전문가들조차 소련의 역사와 그들의 학술사를 그 나름의 역사적 맥락에서 이해하려는 노력이 전무했다. 이처럼 지식 질서의 주변인 한국은 중심의 이론을 수용은 하지만, 그 학문이 지닌 정치적 성격을 충분히 인식하지 못했다. 그렇기에 한국을 비롯한 다른 주변 지역의 지적 저항을 이해하기 어려웠다. 김용구는 중심이 아닌 주변의 경우, 국제정치학 그 자체의 국제정치적 성격을 먼저 이해하는 것이 중요하다고 보았다. 이를 위한 가장 중요한 기초 작업이 바로 외교사 연구였다. 김용구가 말하는 외교사는 단순히 한국이라는 국가의 외교 문서 정리만을 뜻하지 않았다. 오히려 이는 문명의 정신과 세계관을 분석하는 작업에 가까웠다.

냉전이 끝난 이후 국제정치의 행위자가 다양해졌다. 이 시기 새뮤얼 헌팅턴(Samuel Huntington)이 제시한 문명의 충돌 담론이 유행했으나, 김용구는 오래전 이용희의 수업을 통해 알고 있던 여러 권역론과 문명론을 다시금 상기했다. 비서구인의 시각에서는 19세기 이후 서구 문명권의 팽창 이래 세계사는 늘 문명의 충돌(clash)이었기 때문에, 헌팅턴의 논의는 새삼스러운 것이었다. 김용구는 각국 외교 문서에 드러나는 '세계관'에 주목한다. 외교를 하는 강대국들은 단순한 일개 국가로서가 아니라, 특정 문명권의 수호자를 자처하면서 문명권 특유의 정신 구조, 초스타일(superstyle)을 공유했다.(109쪽) 그렇기에 이들의 외교 문서에는 자연스럽게 그러한 문명권의 세계관이 녹아 있을 수밖에 없었다. 김용구는 1998-1999년 연구년으로 미국 캘리포니아대학교 샌타바버라 캠퍼스(UC Santa Barbara)에 머물며 비교 문명권의 시각을 연구에 도입한다.

1960년대 『근세한국외교문서총목』이 주로 문서의 수집과 정리에 가까웠다면, 30년이 지난 후 김용구는 한반도를 둘러싼 외국 세력들이 매우 독특한 정신적 특성을 보이고 있음을 더욱 강하게 의식했다. 그는 『서구의 몰락』을 쓴 오스발트 슈펭글러의 사상을 빌려 먼 곳의 상대를 정복하려는 욕망, 탐험을 향한 집착, 더 많은 생산을 위한 발전, 신속한 이동을 위한 기계 발명의 욕구를 지녔다는 측면에서 유럽 문명은 괴테의 『파우스트』에 등장하는 파우스트(Faust) 박사와 비슷하다고 보았다.(227쪽)

그리고 20세기 주도 국가인 미국은 유럽 문명권에 속하면서도 스스로를 특별하다고 여기는 미국 예외주의를 주장한다고 보았다. 러시아는 유럽에서의 소외감을 아시아에서 보상받고자 했으며, 이는 19세기 러시아가 한반도로 진출한 배경에서도 잘 드러난다고 분석했다. 전통적인 사대교린 질서에 익숙한 중국을 중심으로 한 유교 문명권의 변화, 그리고 유교 문명권 바깥에서 활동하면서 '탈아입구'에 성공한 일본의 사례는 한반도를 둘러싼 외교사가 단순히 국가들 간의 대립이 아니라 문명들 간의 이중, 삼중의 대립이라는 점을 잘 보여 주었다. 한반도는 주변에 위치해 있어, 오히려 문명의 충돌 속에서 작동하는 세계사의 조류를 가장 생생하게 체험할 수 있는 장소였다.

오지의 지질학자

그러나 한국은 김용구의 표현대로 주변 지역에서 정신이 가장 낙후된 '오지(奧地, borderland/hinterland)'였다. 오지는 슈펭글러가 말한 '가정(假晶, Pseudomorphosis)' 현상이 빈번하게 일어나는 현장이었다. 가정 현상이란 광물학에서 가져온 말로, 외래 문화가 겉으로는 전파되는 듯 보이지만, 실제 내부에서는 이에 저항하는 문화가 축적되는 현상을 지칭했다.(111쪽) 한반도는 유럽 제국주의의 전 세계적 팽창 지역 중 오지에 속해 있었기 때문에, 폭력을 직접적으로 경험했고 그만큼 이에 대한 저항도 컸다. 그 결과 서양의 사고방식과 개념을 표면적으로는 수용한 것처럼 보이지만, 실제로는 본래의 의미가 '가정'되는 현상이 자주 일어났다.

　　물론 처음부터 한국이 그러했던 것은 아니다. 서양 문명권이 팽창하기 전, 조선은 유교 문명권 아래에서 이미 18세기에 『동문휘고』라는 뛰어난 외교 문서집을 자체적으로 편찬할 만큼의 지적 능력과 전통을 갖추고 있었다. 그러나 이와 같은 지적 전통은 유교 문명권이 폭력적으로 무너지면서 결국 제대로 계승되지 못했다. 오히려 과거의 높은 문명 수준에 대한 자부심은 자만심이 되어 외부에 대한 적대감이나 배타적인 태도를 강화하는 방향으로 작동했다.

　　이후 오지의 한국인들은 세계를 자신의 눈으로 바라보지 못하고 강대국의 이론과 선전(propaganda)에 빠졌다.(257쪽) 예컨대 19세기 러시아 문제를 바라볼 때 영국의 시각으로 바라보거나, 20세기 들어서 미국의 관점에서 러시아의 군사비를 추계하는 등이 그 대

한림대학교 한림과학원 원장으로 재직할 무렵인 2011년 즈음의 김용구 교수.
(출처: 한림대학교 도헌학술원 제공)

표적 사례였다.(258-259쪽) 또 한국은 스스로 자신의 외교 문서를
정리하는 작업조차 하지 못한 기이한 나라였다. 이 모든 상황은 한
국이 지적 오지라는 점을 잘 보여 준다. 이제 김용구의 남은 생은
'오지 사고'와 싸우고 이를 극복하려는 과정으로 변모한다.

　　그는 이러한 상황을 극복하기 위해 두 가지 방향으로 연구를
전개했다. 첫 번째는 제2의 『동문휘고』라 할 수 있는 『근대한국외
교문서』를 편찬하는 것이었다. 이는 1960년대에 이루어진 『근세
한국외교문서총목』의 후속 작업이기도 했다.(『근대한국외교문서』는 현
재 거문도 사건까지 발간되어 있다) 두 번째는 '개념사' 연구였다. '외교'라
는 단어 하나만 보더라도, 외교라는 말이 있기 전과 외교라는 말
을 끝내 받아들인 후의 외교는 전혀 달랐다. 김용구는 주변의 외교
사를 볼 때는 이처럼 외교 문서만이 아니라, 외교라는 개념 자체가

어떻게 변화하고 충돌하는지를 함께 살펴봐야 한다고 보았다.

기존 외교사 연구 방법을 비판하면서, 외교 문서에 나타난 세계관 독해를 주장했던 김용구는 주변의 외교 문서를 읽어 내기 위해서는 또 다른 방법론으로서 개념사가 필요하다고 보았다. 그는 한국을 둘러싼 외교 문서를 정리하면서 '양요'나 '거문도 사건' 같은 역사적 사건들이 한국인 스스로 붙인 이름이 아니라 외부 세력의 시각에서 명명된 이름이며, 한국인들이 그 이름에 담긴 외부적 시각을 비판 없이 수용하고 있음을 알리고자 했다. 그래서 그는 개념의 역사를 탐구하는 개념사를 통해 단순한 단어의 유래가 아닌 그 개념이 장소와 시간에 따라 어떻게, 누구에 의해 의미를 획득하고 변화했는지 살피는 작업을 시작했고, 이는 그가 오랫동안 원장으로 재직했던 한림과학원의 '한국 개념사 총서 시리즈'라는 성과로 빛을 본다.

김용구는 한반도라는 지정학적 단층선을 둘러싼 강대국 간의 세계관 충돌을, 한반도라는 지역과 얽힌 강대국의 외교사 흐름과 그 속에서 개념이 어떻게 변화했는지 살피며, 힘의 관계를 역추적하고자 했다. 언뜻 보면 어울리지 않는 '비교 문명'과 '개념사'의 만남은 한반도라는 오지에서 세계사의 흐름을 그 누구보다 절절하게 포착했던 김용구였기에 가능했다. 이렇게 그는 단순한 오지의 지리학을 넘어서, 그 지질의 역사까지 치밀하게 파고드는 '지질학자'가 될 수 있었다.

병 속에 담긴 편지

회고록을 읽는 독자는 대개 그 책에서 무언가 교훈을 얻고자 하는 마음을 가질 것이다. 『회고록』이 주는 교훈을 간략히 정리하면 다음과 같다. 첫 번째는 좋은 스승을 만나는 것이다. 김용구는 스승

한림대학교 한림과학원이 주최한 제1회 『개념사 사전』 편찬 사업 워크숍. 앞 줄 오른쪽에서 두 번째가 김용구.(출처: 한림대학교 도헌학술원 제공)

이용희를 포함하여 자신의 문제의식을 키워 줄 수 있는 좋은 스승을 여러 차례 만났다. 이는 그에게 크나큰 행운이었다. 그러나 좋은 스승을 만나는 것만으로 모든 것이 해결되는 것은 아니다. 실제로 이용희의 문제의식을 이어받아 외교사 분야에서 뛰어난 성과를 낼 수 있었던 것은 김용구 본인이 지닌 끈기와 고집스러울 정도의 성실한 노력 덕분이었다. 긴 시간과 노력을 쏟아야 하는 외국어 학습도 포함해서 말이다.

두 번째는 중심도 주변도 아닌 '반(半)주변'의 관점에서 세상을 넓게 바라볼 필요가 있다는 것이다. 중심에 있다 보면, 세상을 너무 안온하게 보거나, 반대로 주변에 대한 과도한 이상을 가질 수도 있다. 반대로 주변에 머물면 '오지 사고'에 갇힐 위험이 크다. 혹은 이 사고를 극복하겠다고 중심의 이론을 무작정 수입하는 것으로 지식인의 역할이 끝난다고 착각할 수도 있다. 김용구는 소련 연구를 통해 중심과 주변 사이에서 문명 차원의 고민을 깊이 있게 수행했다. 이를 통해 접점이 보이지 않던 국제법 연구와 외교사 연구가 연결되면서, 독창적인 연구 성과를 만들어 냈다.

　세 번째는 자신이 발 딛고 있는 현실에 대해 끊임없이 고민하는 것이다. 김용구의 학문적 고민은 루소에서 출발했지만, 이는 루소에 대한 현학적 관심이 아니라 전쟁 상태를 살아가는 한반도인의 삶을 반영하고 있었다. 이후 김용구의 작업은 외교 문서집의 발간과 개념사 총서 시리즈로 마무리되었다. 이는 루소 연구보다는 한반도라는 '오지'에서 세계사의 맥락을 탐구하는 지리학자이자 지질학자가 되는 것이 한국과 세계 학계에 더 기여할 수 있으리라는 김용구 자신의 판단이 제일 중요했을 것이다. 이러한 인생을 건 선택이 과연 앞으로 어떤 효과를 낳을지는 차치하자. 이와 같은 고민이 사치스럽다 느껴질 정도로 글 모두에 언급했듯이 지금은 이러한 지적 유산을 이어받을 후계자가 거의 없는 상황이기 때문이다.

　오늘날 이른바 '심리적 G8' 국가인 대한민국에 살고 있는 사람들에게 한국은 '오지'라 감각되기 쉽지 않다. 역설적이게도 한국이 경제적·문화적으로 성장하여 중심과 가까워지면서, 반주변이나 주변과의 공감대는 철저히 망각되고 있기 때문이다. 과거 주변에 머물렀을 때는 '문견'의 어두움을 탄식하기라도 했지만, 지금은 모든 것을 알고 있다는 우쭐거림 속에 오히려 주변을 더 섬세하게 바라보지 못한다. 말 그대로 주변의 상실이다.

　지금은 미국, 유럽, 러시아, 이슬람권, 인도, 중국 등 세계 주요 국가와 권역이 자신의 정체성을 고민하며 앞으로의 방향을 모색하는 대격변의 시기이다. 오랫동안 보편적 세계를 구축한 것으로 여겨져 한국의 모델이 되었던 선진 사회들도 그 안에 억눌려 있던 다양한 '가정' 현상이 분출하고 있다. 어쩌면 김용구가 석사 논문에서 말한 "원자 시대의 인지와 석기 시대의 정념"*이라는 인간의 모순이 바로 이러한 세계사를 만들어 낸 것일지도 모른다. 이런 시대에 오히려 더 필요한 것은 현실 외교를 바라보는 피상적 관찰이 아니라, 그 심층에 존재하는 문명 차원의 문제를 진지하게 성찰했던 노학자의 깊은 고민 아닐까. 김용구가 두텁게 쌓아 올린 60년간의 성찰은 비단 좁은 의미의 외교가 아니라, 세계 속의 한국이 무엇인지, 무엇이 되어야 하는지를 고민하는 많은 이들에게도 영감을 줄 수 있을 것이다.

모든 책이 그러하지만 특히 자서전은 마치 병 속에 담겨 망망대해를 떠도는 편지와 비슷하다. 누군가가 이 메시지를 발견해서 해독해 줄지 모르는 상태로 편지는 망망대해를 떠돈다. 한반도라는 오지를 치밀하게 연구했던 지질학자의 연구 기록이 『회고록』에 담겨 있다. 이 편지를 발견하여 그 내용을 이어받을 지적 상속자가 나타나기를 기다린다. 이 편지가 미래의 누군가에게 닿을 때 비로소 이는 한 개인의 오지 체험기가 아니라, 우리 모두의 좁은 문견을 넘어설 수 있는 열쇠가 될 것이다. 서리북

---

* 김용구, 「J. J. Rousseau의 평화사상: 국가연합사상을 중심하여」, 서울대학교 석사학위 논문, 1964, 111쪽.

옥창준
한국학중앙연구원 한국학대학원에서 정치학을 연구하고 가르치고 있다. 이래저래 여러 책과 인연을 맺었지만 아직 단독 저서는 없다. 언젠가 한국학의 맥락에서 국제정치학사를 정리하고 싶다는 생각을 마음에 품고 있다. 최근에는 한국 외교사를 탈식민적 관점에서 정리해 보려고 자료를 모으며 궁리하고 있다(고 말하고 다닌다).

📖 김용구의 외교사 작업은 비단 일국의 외교 행위를 외교 문서에 따라 차분히 정리하는 민족사의 관점에 머물지 않았다. 그는 한반도를 둘러싼 외교 관계를 분석하면서, 여러 국가들이 외교 문서에서 감추고 드러낸 사실을 규명하고 그 행간의 의미를 읽어 내는 비교 문명의 정신분석을 구현하고자 했다.

"비교 문명권의 입장에서 외교문서 속에 함축되어 있는 각 문명권의 특징을 도출하고 또 같은 문명권에 속하면서도 개차(個差)를 나타내 주고 있는 각 행위자들의 독특한 '세계관'이 무엇인가를 따지려고 한다. 그리고 세계 외교사는 이런 '세계관' 충돌의 역사이며 조선의 외교사는 그러한 충돌이 격렬하게 나타난 역사라고 판단한다." —책 속에서

『세계관의 충돌과 한말 외교사, 1866-1882』
김용구 지음
문학과지성사, 2001

📖 김용구의 개념사 작업은 유럽에서 등장한 개념사(conceptual history)를 기준으로 두면 다소 기이해 보일 수 있다. 그에게 개념사는 배움의 대상이 아니라, 실천의 대상이었기 때문이다. 그는 한반도라는 오지의 역사적 풍토병을 치유하기 위한 방편으로서 개념사라는 방법을 적극적으로 활용했다. 그는 한국의 지식인들이 오지 사고에 빠진 지적 기술자가 아니라 스스로의 문제를 사유할 수 있는 '철학자'가 되기를 원했다.

"한반도가 냉전 시대에 접어들면서 세계정치의 변경 지역에 속하게 되었다는 사실 자체가 만국공법, 국제법, 국제정치 발전에 치명적이었다. 따라서 오늘날의 정치학이나 국제정치학이 19세기부터 형성된 대외 인식의 역사적 질병을 과연 치유하였는지 자성해야 한다. 이제 우리는 18세기 북학의 학문적인 유산을 이어받는 전통을 창조해야 한다. 창조는 무에서 유를 만들어 내는 일이 아니다. 과거의 역사적 경험을 오늘의 역사적 현실에 비추어 세계 학계가 인정하는 개념과 담론 위에서 다시 해석하는 지적 작업이다."
—책 속에서

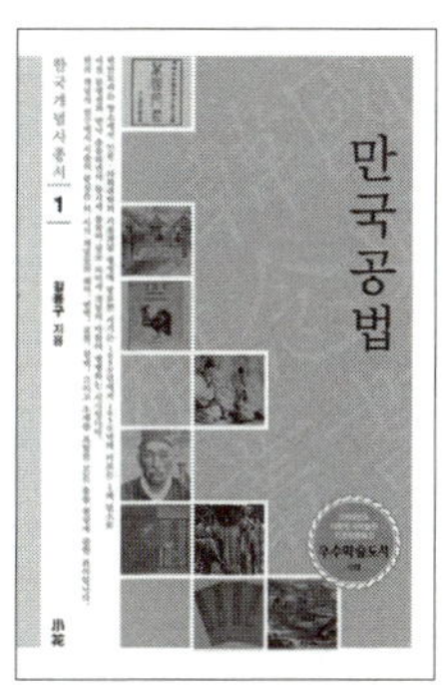

『만국공법』
김용구 지음
소화, 2014

이마고 문디

디자인 리뷰

북 & 메이커

서울
리뷰 오브
북스

〈미키 17〉
봉준호 감독
워너 브라더스, 2025

시간 축적의 악몽, 유예된 정치적 상상: 〈미키 17〉

한윤아

첫 장면

영화는 꽁꽁 얼어붙은 자신을 조금씩 알아채기 시작한 한 인물로부터 시작한다. 지구가 아닌 외계의 행성이다. 그의 첫 마디, "어떻게 살았지? 죽었어야 했는데. 마치 고기 꼬치(meat popsicle)처럼." 이내 우주선을 타고 나타난 동료 티모는 그를 발견하자마자 역시 "어떻게 살았지?" 하며 의아해하더니 바로 동료에 대한 관심을 거두어 버린다. 근처에서 발견한 화염방사기를 더 반가워하며, 이걸 가져가면 무기 팀에서 좋아할 거라 말한다. 그 이유는 곧 밝혀진다. 미키는 복제 인간이고 열일곱 번째 복사본이다. 곧 열여덟 번째를 만나게 될 것이다.

이런 괴상한 대화와 상황에 관해서 바로 설명이 이어진다. 그를 '복사'하는 과정, 그가 자신을 유지할 수 있는 뇌 복사(기억 이식)라는 기술도 설명된다. 인간이 복제된다는 것에 사회적이고 윤리적 논쟁이 있었다고 하는데, 그 또한 간단히 설명된다. "어쩌고 저쩌고(blah blah) 하다 보니 뭐 그냥 그렇게 지나갔다." 열일곱 개 미키의 삶도 대략 10분 안에 다 설명이 된다.

　〈미키 17〉이 복제 인간을 다루고, 그 복제의 방식이 복사라는 건 영화관에 들어가기 전에 이미 알게 된 정보였다. 관객으로서 미키를 함부로 취급하는 걸 보는 건 몹시 불편하지만, 어찌어찌 삼킬 수 있는 감정이다. 그럼에도 불구하고, 첫 번째 장면에서 생겨난 의문이 영화를 보는 동안 계속 해소되지 않았다. 만약 인간이 복제될 수 있는 기술이 가능하다고 치자. 이 가정법 안에는 과학 기술의 진보에 대한 굉장한 믿음이 담겨 있다. 노동자로서 일을 하는 기계적 기능은 뭐 그렇다고 치자. 이미 어느 정도는 로봇 기술을 일상에서 경험하고 있으니까. 뇌의 기억을 핸드폰 유심칩 빼듯 정보화하는 기술은, 요즘 AI를 보면 가능할 것 같은 '느낌'도 든다. 이미 여러 소설과 영화에서 칩이 된 기억 장치를 시각적으로 확인한 바 있기도 하다.

　그런데 동료 티모가 조난 현장에 와서 미키를 '수거'하는 대신 옆에 놓은 화염방사기를 가져가면서 기뻐하는 것은 이상했다. 인간을 간단히 복사할 정도의 기술 시대인데 왜 백만 배는 더 간단히 복사할 수 있는 총이 더 귀하게 여겨질까? 재료도, 전기도, 고도의 기술도, 인간 복제에 훨씬 더 많이 투여되는 것이 당연할 텐데, 경제적 이해(interest)라는 더 크고 간단한 원리가 무시되는 사회일까? 혹시 이 행성은 자본주의 경제 시스템이 아닌가?

　그럴 리가 없다. 이 영화는 일견 자본주의 우화로 보이기 때문이다. 첫 장면에서 귀에 걸린 또 다른 부분이 있는데, '냉동 고기 꼬치(meat popsicle)'라는 표현이다. 'popsicle'은 아이스바나 얼음과자인데, SF 장르에서 종종 극저온으로 여행하는 사람, 냉동 인간을 표현하는 말로 나온다. 물론 경멸적으로 부르는 클리셰이다.

　원래 저체온 여행은 영화 〈돈 룩 업〉(2021)의 화성 여행의 장치로 표현된 것처럼, 어마어마한 부자들이나 권력자들만 할 수 있는

익스펜더블(소모품)인 미키가 실험체로 쓰이고 있다.(출처: 워너브라더스 픽쳐스)

것으로 SF 서사에서 등장했다. 시간 여행을 다룬 소설 로버트 하인라인의 『여름으로 가는 문』(1956)에서 시간 여행의 방법은 인간을 냉동하는 기술이다. 조지 웰스의 『타임 머신』(1895)이나 할리우드 스페이스 오페라 영화들에서처럼 양자 역학의 원리를 이용하거나, 공간 이동을 위해 분자로 분해하는 그럴싸한 기계들을 이용하는 게 아니다. 하인라인의 소설을 읽을 때 흥미롭기도 하고 설득력이 있었던 설정은 이뿐 아니라, 긴 시간을 넘어 미래에 눈뜰 냉동 인간이 그 사회에 어떻게 적응할 수 있을지 제시하는 프로그램이었다. 벌거벗은 몸으로 뚝 떨어진 여행자가 '생존'하는 것을 넘어 '살아가는 것'이 가능하지 않다면 여행 상품을 선택하지 않을 테니까. 그것은 신탁 은행(Trust Bank)의 관리다. 큰돈을 내고 냉동 인간 상품을 산 사람은 자신의 전 재산을 신탁 은행에 맡기는 계약을 하고, 은행은 그를 대리해 투자를 하고, 수익을 내고, 거기서 발생하는 수많은 계약을 처리하고, 이를 통해 미래 사회에 적응할 수 있는 여러 자원을 마련해 준다. 소설은 그것이 가능한 원리로 이자

(자본)가 불려지는 속도와 인플레이션 등 여러 변수를 계산해 준다. 시간은 곧 복리 이자를 의미하고 자본은 인간의 삶의 시간을 넘어 영속한다. 물론 자본은 자율적으로 영속하는 바람에 그 최초의 주인과 멀어지고 믿음(trust)을 저버린다. 만약 소설가 하인라인이 지금과 같은 각종 파생 상품을 알았더라면, 주인공 댄이 저온 수면의 기간을 좀 더 길게 선택할 수 있는 이야기를 썼을지 모른다. 훨씬 큰돈을 계산할 수 있었을 테니까. 그러나 그러한 선택의 결과로 댄은 '서브프라임 모기지 사태' 등 금융 위기를 지나 통장은 마이너스가 되어 이름 모를 행성의 고기 꼬치로 눈을 뜨는 미키의 모습이 되었을지 모르겠다.

계약, 허울뿐인 약속

미키는 이런 고전 SF 시간 여행자의 뒤집힌(the upside down) 버전이다. 넷플릭스 시리즈 〈기묘한 이야기〉(2016-)에는 일상 세계와 닮았지만 완전히 거꾸로이며 부정적인 방식으로 재현되는 평행 세계가 공존하는데, 마치 그 세계에서 튀어나온 듯하다. 자본과 기술이 약속했던 밝은 미래를 시종일관 블랙 코미디로 표현한다. 미키가 여러 개의 생명을 살며 '유사 시간 여행'에 들어간 이유는 유행하는 사업을 하려고 사채 빚을 졌기 때문이다. 그런데 그의 몸값이 (노동을 하든, 장기를 팔든) 몸을 수천 조각을 내도 이자의 가치를 적절한 시간에 생산하지 못한다면, 그는 계속해서 다시 재생되어야 한다. 전기톱을 피하기 위해 익스펜더블(소모품)이 되는 어처구니없는 선택은 그런 면에서 나름 그럴듯하다. 드라마 〈협상의 기술〉(2025)에는 이런 대사가 있다. (기업이 진) 11조 원의 빚을 당장 갚으라는 사모펀드 회사의 요구에, 이를 해결하기 위해 M&A 전문가가 호출된다. 회의 장면 내내 11조 원이 입에 오르내리는데, 그게 어느 규

모든 것을 할 수 있는 고급 리무진 안의 자산관리사 에릭. 영화 〈코스모폴리스〉.
(출처: 더블앤조이 픽쳐스)

모의 돈인지, 시청자도 무감해진다. 여기에 곧바로 일반직 비서가 신입 사원을 데리고 이에 대해 이야기하는 장면이 평행하게 덧붙여진다. "원숭이가 매년 1억씩 모으다가 인간으로 진화를 해도, 11조가 안 돼." 11만 년 전이면, 실제로 지구에 네안데르탈인이 살았다고 한다. 우리 시대가 생산해 내는 돈의 가치는 과연 가능하기는 한 것일까? 모바일 통장과 주식 차트, 부동산 가격의 숫자들이 실상 아무런 실물 가치를 재현하지 못한다는 공공연한 체제 비밀에 의문을 가지지 못한 채, 억과 조라는 단위는 일상에서도 자주 언급된다.

요제프 포글의 『자본의 유령』은 돈 드릴로의 소설 『코스모폴리스』에 관한 비평이자 동시대 금융 자본주의를 분석하며 경제학 용어들을 수정하는 책이다. 미래의 시간을 이익의 '가능성'에 베팅하는 금융 자본의 투기적 속성, 이 예상과 기대가 어김없이 주기적으로 ‘폭망’하는 흐름, 이론적으로는 위험을 ‘회피’하는 것으로 보이는 여러 경제 용어와 개념, 이를테면 ‘헤지(Hedge, 울타리)’와 같은 말이나, 고연봉 펀드매니저들의 차트 분석의 모순을 기술한다. 포글은 펀드매니저들은 ‘자본’이라는 귀신을 모시는 현대의 무당이고, 차트 분석이란 일종의 별자리 운세 분석과 비슷하다고 본다. 데이비드 크로넌버그의 동명의 영화 〈코스모폴리스〉(2012)에는 자산관리사 에릭 패커가 영화 내내 폐소공포증을 일으킬 것 같은 좁고 기다란 리무진 안에서 전화와 전자기기만으로 억과 조 단위의 돈을 ‘주무르며’ 뉴욕 시내를 가로질러 어떤 곳을 향해 가고 있다. 자동차 밖은 대통령의 방문, 그리고 그를 반대하는 반자본 시위대, 유명 래퍼의 장례 추모 행렬 등이 뒤엉켜 매우 소란스럽고, 그의 진로를 방해하고 있다. 에릭은 이 모든 상황을 논평 거리 내지는 교통 체증으로 불평하거나 비평하고, 실제로 밖의 소요와 소란은 소음처럼 뭉개져 표현되어 있다. 자본의 행로와 정치적 행위들이 물과 기름처럼 섞이지 않고 어떤 맥락으로 배치되어 있는지 보여 준다. 일상과 업무, 돈벌이와 사랑, 취향과 향유가 가능한 비싼 리무진은 우주선과도 닮았고, 이를 진공 상태의 우주로 보내도 별 이물감이 없어, SF 장르와 닮았다.

〈미키 17〉에서 작동하는 정치 행위도 이와 비슷한 면이 있다. 봉준호 감독의 영화에는 일종의 무대이자 공기처럼 파시즘이, 혹은 괴상하지만 정교하게 디자인된 파시스트 캐릭터가 등장해 왔다. 〈살인의 추억〉(2003)의 전두환 정권, 〈괴물〉(2006)의 미국 제국주의와 대리자들, 〈설국열차〉(2013)의 ‘엔진의 아버지’라 불리는 기술 엘리트 월포드, 〈옥자〉(2017)와 〈기생충〉(2019)의 자본가 등, 얼굴과 성격과 직업을 바꿔 가면서 계속해서 출몰한다. 그의 영화를 하나의 세계관으로 묶어 본다면, 어쩌면 그 파시스트들은 사라지지 않는 삶의(영화의) 조건이며, 영화의 서사는 궁극적으로 그들을 제거하는 데 계속해서 (어쩌면 일부러) 실패하고 있다. 영화 말미, 미키를 복사하던 프린트기가 파시스트를 복사하는 악몽 같은 장면은 세계를 이어가기 위해 어쩌면 그를 없애지 않겠다는 의지로 읽히기도 한다. 이런 배경 속에서 이야기들은 서민의 직업적 사명감, 가족의 책임감, 아나키스트의 허세 등 작은 감정들이 우연하게 지속적으로 마주하는 모순에 반응하다 각성하는 방식이다. 〈미키17〉의 경우 이 둘의 캐릭터 대결이 굉장한 볼거리를 주는 데다, 상황적으로 현실의 파시스트들과 겹쳐 가며 웃음을 증폭한다(독재자 사령관, 그를 조정하는 아내와 검은 뿔테 안경을 쓴 민머리 2인자 등). 그럴수록 미키의 삶의 비극과 행성을 지구화한다는 괴상한 계획을 만들어 낸 구조는 리무진 밖의 소음보다 더욱 뭉개져서 흩어진다.

　　현실이 그러한데, 즉 현실의 파시즘이 엄혹한데 영화가 그것을 재현하는 것이 문제일까라고 물을 수 있다. 그러나 우리 시대 가능성의 서사, 미래의 서사, 혹은 사변(speculative)의 서사가는 SF 작가, 정치철학자, 혹은 무당과 펀드 매니저가 아닐까? (실제로 그들은 영화 〈코스모폴리스〉에 표현된 것처럼 값비싼 현대 예술의 향유자이자 후원자이기도 하고, 예술 시장을 '펀드화'하는 주역이기도 하다.) 작가와 정치철학자는 이를 해방의 가능성으로 서술하고, 무당과 투기자본가는 가짜의 풍요를 서술할 것이다. 그렇다면 봉준호 감독이 반복되는 파시즘 서사 안에서 매력적인 파시스트와 무력한 저항자가 교체되며 새로운 세계를 구체적으로 그리지 못하고 있다면, 그 예언은 결과적으로 현실의 가능성마저 봉쇄하는 서사가 되지 않을까?

'재생산 미래주의' 거부와 돌봄의 재생산

인간 복제 혹은 자궁 없는 출산이라니 이는 어쩌면 생물학적 재생산을 여성으로부터 떼어 내고 싶어 한 몇몇 페미니스트들의 꿈이기도 하다. 동시에 인공 자궁처럼 귀찮고 비용도 많이 드는 육아기도 없는 어른 인간의 무한 복제야말로 인구 절벽기 국가와 자본가들이 원하는 최적의 재생산이 될 수 있다. 〈미키 17〉의 인간 복사기는 그런 면에서 해방 도구가 아니라 착취 도구이다. 파시스트는 새로운 행성을 개척하여 생육하고 번성하라는 슬로건을 내세우며, 인간 복제는 진짜 재생산이 아님을 천명하고 복제 인간을 행성 시민에서 분리한다.

실비아 페데리치와 낸시 프레이저 등은 자본주의야말로 역사적으로 형성될 때부터 여성과 연결되어 있는 재생산을 보이지 않는 영역으로 만들고 그것을 수탈하면서 관리해 왔다고 설명한다. 우리 시대 낙태금지법이나 동성애 혐오가 다시 의제로 부상하는 것도 무관하지 않다. 다시 말해 여성의 자궁을 통제하려는 건 경제 위기를 의미한다. 인구라는 요소가 생산과 가치의 모든 계산을 흩어버리는 핵심적인 변수이기 때문이다. 〈미키 17〉의 인간 복사기는 재생산 '관리'를 위한 도구로 기술이 윤리 '어쩌고저쩌고' 하든 말든 이미 인간의 가치 분류가 끝났으며, 현재 기술이 인간 해방을 위해 복무하지 않음을 나타내는 상징이기도 하다.

〈미키 17〉에는 이러한 생육과 번성을 거부하는 이들이 등장해 미키를 돕는다. 복제 미키들과 동시에 성관계를 하려는 나샤, 파시스트의 재생산 명령을 거부하는 퀴어 요원 카이 등이다. 행성의 원주민 '크리퍼'는 가이아와 같은 거대한 모성적 속성을 지니고 있는데, 그의 말을 번역하는 번역기를 만든 과학자 도로시 또한 저항군의 일원이다. 도로시는 사실 인간 복사기의 개발자이기도 하기 때문에, 그가 마음만 먹는다면 폭파해 버린 인간 복사기를 재개발할 잠재 요소는 남아 있는 셈이다.

면역과 민주주의

미키는 원래부터 고급 기술을 가진 노동자가 아니었고, 열일곱 번 복사되어 살아가는 동안 조금씩 결함도 생겨나 점점 뭔가를 기대하기 어려운 상태가 되어가는 복제 인간이다. 사실 고가의 인간 복사기를 만들어 왜 이런(?) 인물의 복제에 공을 들이는 것인지 이야기 설정의 의아함이 든다. 그를 이면지나 폐지 취급하듯 보여 주며 이곳이 복제 기술에 관한 경이로움이 전혀 없는 완벽한 통제 사회라는 걸 피력해도 말이다. 하지만 사실, 미키의 업무는 굉장히 중요한 일이다. 우주여행과 행성을 테라포밍(지구화)하는 과정에서 부상하는 생명 안전 그리고 감염이라는 요소를 테스트하는 역할이다. 행성의 온도를 높이고, 물과 산소를 공급하고, 농사를 지을 수 있는 환경으로 바꾸기 위해, 그리고 행성의 원주민들과 전쟁을 준비하기 위해 필요한 정보를 제공하는 가장 효율적인 유기체 리트머스인 것이다.

지구 소모품 미키는 행성 원주민과 지구 이주민의 매개자이자 번역가로 변신한다. 감염 히스테리를 가진 일파 마샬과 지구인들의 대척점이 된 것이다. 애초에 미키를 각성시켜 열여덟 번째 반항자 미키를 생성해 내도록 만든 계기도 크리퍼(의 돌봄)이다. 에스포지토의 『사회 면역』에서 말하는, 서로 감염되지 않으려 거리두기를 시행하는 근대적 면역 공동체가 아닌, 기꺼이 감염되고 면역성을 나누어 가지는 생명 활동의 정치성을 연상시킨다.

벌거벗은 몸들

영화 서사의 해방적 가능성을 읽으려 애쓰지만, 〈미키 17〉은 내내 기분이 좋지 않았다. 서사 말미에 남겨놓은 파시스트 부활의 악몽은 어쩌면 문제가 아니다. 어쩌면 그보다는 할리우드 영화 장르 서

인간 복사기에서 출력 중인 미키.(출처: 워너브라더스 픽쳐스)

사 관습인 행성 연설 장면으로 마무리된 것이 더 문제적이다. 꿈과 현실을 구분하지 않은 채 마무리하는 고딕 문학적 설정이 진짜 엔딩인데, 그것을 맘에 들어 하지 않는 투자자 혹은 정부의 강요로 덧붙여진 장면인 듯 설명적이고 이질적이다. 마치 박정희의 풍속 검열을 피해 엔딩에 이상한 해설을 붙인 김기영의 〈하녀〉(1960)의 마지막 장면처럼 말이다. 행성 연설 장면은 사실, 남아 있는 갈등 요소를 억지로 봉합하고 슬로건을 외치는 아침 조회 같은 성격을 가지고 있다. 서로 눈을 맞추고 박수를 치며, 웃는 서로를 교차하는 편집, 그들이 모두 바라보는 가운데 '문젯거리' 프린터를 폭파하는 장면이 이어진다. 이러한 숏(shot) 이미지의 배치는 미국의 문화 다양성을 재현하는 편집의 관습이기도 하다. 그러나 각 문화의 복잡한 맥락이나 현실적인 문제들은 숏과 숏 어딘가에서 재현되지 못하고 숨어 들어간다. 미키가 영원히 고통의 삶을 이어가야 하는 이

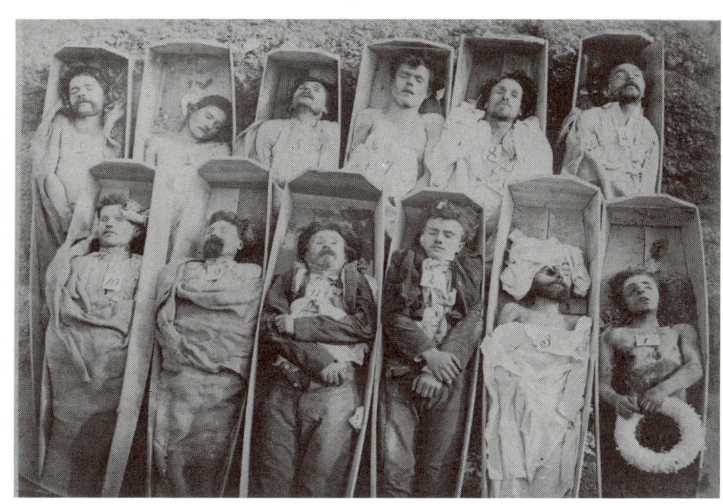

〈파리 코뮌의 피의 일주일간 살해된 폭도들〉.(출처: 프랑스국립도서관 판화사진부)

유, 시간의 형벌을 받는 이유는 파시스트의 죽음과 함께 간단히 소거되어 버린다. 결국 마지막 장면은 파시스트가 사라지면 불평등이 사라질 것이라는 가짜 약속을 재확인하는 시간일 뿐, 행성 개척의 자본주의를 폭파하지 못했고, '상호 감염'의 민주주의는 어떻게 실현되는지 상상을 봉쇄했다.

그런데 불편함은 거기서 오는 게 아닌 것 같다. 첫 장면의 10분이 내게 남긴 찌꺼기이다. 계속해서 복제되는 미키의 벌거벗은 이미지와 그 무력함을 관객의 입장에서 조롱하게 만든 것이다. 전혀 우습지 않고 불쾌했으며, 자조적일 수 없었고 분노가 일었다. 영화관을 나와 조르주 디디-위베르만의 『민중들의 이미지』를 넘겨 보았다. 〈파리 코뮌의 피의 일주일간 살해된 폭도들〉이라는 사진(129쪽)이다. 흥미롭게도 이 부분에서 에스포지토의 면역체에 관한 인용이 나온다. 그가 말하는 '공동체(코무니타스)'는 '의무(무누스)'를 '함께

(콤)’ 나누는 사회다. ‘노출된’ 민중의 시신과 시선을 주고 받는 관객은 이미지 속의 의무를 나눠 가지며 공동체성을 가져간다. “코뮌의 총살당한 사람들의 사진 앞에서 마치 시선에 역사적 재료의 소중한 단편을 제공하고, 시선이 이미지에 카메라가 포착한 인간적 양상의 소중한 가독성을 제공한다. (……) 관객에게 제시된 각각의 이미지 앞에서, 그 이미지가 이른바 감각적 형태를 구성하게 될 공동체의 가능성 자체를 끌어들이는 정치적 의무의 문제와 다르지 않다.”(130쪽)

이는 봉준호 감독이 전작들 속에서 비슷하게 소비해 온 ‘벌거벗은’ 이미지들의 기분 나쁨을 누적한 감정이다.〈살인의 추억〉의 살해된 소녀들의 몸,〈마더〉에서 몸이 반으로 꺾여 이층 난간에 ‘전시된’ 소녀의 시신,〈기생충〉에서 계단을 굴러떨어져 몸이 꺾인 문광과 그의 남편 오근세의 기괴한 시신, 그리고 소각장의 쓰레기가 된 미키들. 이 행성의 저항자들이 박수를 치는 동안, 모두 어디에 존재하고 기억되고 있는 것일까. **서리북**

한윤아
시각예술 분야에서 기획, 비평, 소규모 출판을 한다. 출판사 타이그레스 온 페이퍼를 운영한다. 책과 시각 문화를 다루는 비평 진(zine)《스포로이드 진》을 발행하고 있다.

📖 민중(people)들을 과잉 재현하는 것도, 완전히 존재를 보이지 않게 만드는 경향도 모두 문제적이다. 이미지 속에서 민중이 고통, 취약함, 수동적 피해자로서 대상화되지 않고 스스로를 '형상화'하는 역능을 가진 존재로 읽어 내는 아름다운 책이다. 사진, 영화, 우연히 노출된 이미지들 속에서 이들이 어떤 역사적 국면에서 어떻게 공동체로 드러나는지 비평한다.

"모리스 블랑쇼는 공동체, 민중을 (……) 자신[공동체, 민중]이 그 어떤 권력도 떠맡지 않으려고 본능적으로 거부하는 데서, 스스로에게 위임되었을지 모를 권력과 혼동되는 것을 절대적으로 불신하는 데서, 그러니까 자신의 무력함을 선언하는 데서 이해할 것을 제안했다. 그런데 이것은 민중들의 무력함을 이해하는 것에 그치는 문제가 아니라, 그들의 권력 획득이 실패할 때조차 그들의 힘은 멈추지 않는다는 것을 확인하는 문제로 보인다. 이것은 1871년 파리 코뮌 가담자들의 죽음에서 일어난 일이다."—책 속에서

『민중들의 이미지』
조르주 디디-위베르만 지음
여문주 옮김
현실문화A, 2023

📖 주식과 비트코인을 사는 것이 동네 마트의 쇼핑보다 더 쉽다. 소위 '경제'를 공부하라면서 자신이 임금 노동자인 것을 잊고 자본가가 된다고 생각한다. 몇몇 예술가는 블록체인 기술이 밝은 미래와 새로운 공동체성을 내재한다고 말하고, 가상 화폐가 이런 기술의 한 형식이라고 바로 연결 짓기도 한다. 이런 말들이 이상하고 불안하며 답답하다. 사실 포글의 책은 읽기 쉽지 않았다. 그렇지만 18세기 이후 은행과 화폐가 잠재적으로 약속한 실물 가치와 화폐 가치의 연결이 얼마나 임의적인 것인지로 시작하여, 현대 금융 자본주의가 시간의 탈구 속에서 진행되고 있음을 알아채게 만들어 준다. 현대 금융 자본은 스스로 시공간의 무중력 상태로 나아갔으며, 정치적 소요마저 역동성으로 흡수한다.

"자본의 운동은 자신의 한계를 벗어나며, 부의 물질적인 현상형식들로부터 자신을 해방하고, '손에 쥘 수 있는 돈과 지리 너머의 시간' 속에 정착한다. 그것은 자신의 역동성과 유동성 표준들을 마음대로 결정하고, 모든 지역적, 사회적 또는 정치적 토대에서 벗어난다. 그리고 이 과정에서 소요와 무정부 상태마저도 자신의 체계의 생명력 넘치는 표현으로서 흡수할 수 있으며, 저항을 자유로운 시장에 대한 환상으로서, 자본주의 비판을 자신의 일관된 자기최적화로서 장부에 올릴 수 있다."—책 속에서

『자본의 유령』
요제프 포글 지음
김지원·이준서 옮김
도서출판길, 2023

가부장제에 대한 도전으로서의 책의 해체

전가경

Justine Kurland, SCUMB Manifesto, Mack, 2022.

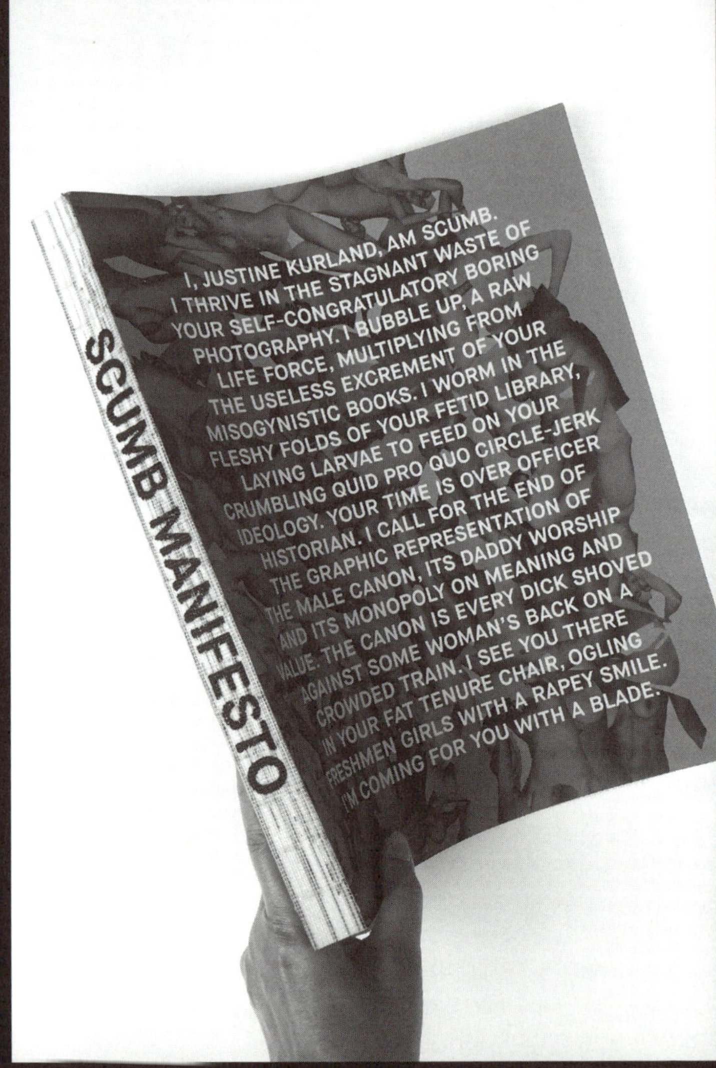

『SCUMB Manifesto』(2022)

책은 오랜 시간 남성의 전유물이었다. 문자가 한동안 식자층, 곧 권력자의 언어였던 만큼이나 책을 구성하는 문자 또한 남성이 독점해 왔던 게 오랜 역사였다. 오죽하면 버지니아 울프는 『자기만의 방』에서 글쓰기를 통제당한 여성의 삶을 격정적인 언어로 토로해야만 했을까. 나아가 출판 노동에 가담했어도 여성은 언제나 지워진 존재였다. 가령, 1980년대 한국 출판이 활판에서 사진 식자 및 전산으로 이행해 나가면서 실업계 출신의 수많은 여성 노동자들은 남성들이 꺼려했던 출판 신기술을 터득해 나가며 출판의 보이지 않는 하부구조를 지탱해 나갔다. 지식 생산의 주체가 남성이었던 현실은 동서양 통틀어 다르지 않았던 것이다. 이같이 남성적 언어의 정신적 산물인 책을 과감하게 '해체'함으로써 가부장제에 도전장을 내미는 작가가 있는데, 사진가 저스틴 컬랜드(Justine Kurland)다.

컬랜드가 만든 『SCUMB Manifesto』는 제목이 주는 어감부터 도발적이다. 'manifesto'가 그렇고, 'scum(찌꺼기, 쓰레기)'과 동일한 발음의 'SCUMB'이 그렇다. 게다가 세로 32센티미터, 가로 24.5센티미터에 육박하는 크기와 약 2센티미터 두께의 노출 제본 책등도 도발성에 한몫한다. 내지를 펼쳐보면 비도공지*에 인쇄한 끝없는 콜라주 향연이 펼쳐진다. 인간 신체를 갈기갈기 찢어낸 듯한 신체 조각 사진들이 덕지덕지 덧대진 펼침면이 있는가 하면, 19세기 여자아이 초상 사진에서는 얼굴 부분만 도려냈다. 여성의 은밀한 부위를 포착한 사진들은 파편이 되어 어지럽게 포개져 있다. 경우에 따라서는, 불쾌하고 섬뜩하기까지

---

* 코팅을 처리하지 않은 종이. 백상지나 모조지 등이 이에 해당하며, 대부분 책 본문 용지로 많이 쓰인다.

하다. 그런데 이 끝없는 콜라주의 향연에서 놓치지 말아야 할 것이
있으니, 이미지를 둘러싼 사각 프레임이다. 이 프레임의 의미에
대해서는 잠시 후술하기로 하고, 우선 책의 의도부터 짚어보고자
한다.

『SCUM Manifesto』(1967)

『SCUMB Manifesto』는 1967년 밸러리 솔라나스(Valerie Solanas)가
제작한 『SCUM Manifesto』에 대한 오마주이다. 'SCUM'은
'Society for Cutting Up Men(남성을 자르는 소사이어티)'의 약자다.
솔라나스는 1968년 6월 3일, 당시 뉴욕 미술계를 평정했던 앤디
워홀에게 총상을 입힌 여성 작가이다. 사진가 컬랜드가 자신의 책
서문에 쓰기를, 심리학을 전공한 솔라나스가 워홀을 쏜 이유는
그가 남성이기 때문이 아니라 솔라나스의 희곡 작품인 「Up Your
Ass」를 훔쳤다고 믿었기 때문이라고 했다.
이 글에서 컬랜드는 일면 '범죄자' 혹은 '살인미수범'으로
몰리고도 남을 솔라나스를 두둔한다. 컬랜드는 지극히 비극적인
삶을 살아왔던 솔라나스의 생애를 훑으며, 솔라나스 비극의
원천은 곧 가부장제였음을 역설한다. 컬랜드의 변호는
"내가 아는 또 다른 밸러리 솔라나스"라는 문장으로 시작한다.
"그녀는 혁명가였고, 구걸하며 살았고, 성 노동자이자 방랑자였다.
동시에 광기 어린 천재였으며, 매우 유머러스했다. (⋯⋯) 밸러리는
열다섯 살이 되기 전에 두 아이를 낳았으며, 이는 아버지에게
강간당한 결과일 가능성이 크다. 수감 중이던 그녀는 동의 없이
자궁 적출을 당했다. 정신 병원은 그녀를 완전히 무너뜨렸다.
생의 마지막 시기, 그녀는 계속해서 포크로 자신의 몸을 찌르고,
새처럼 울부짖었다. 그녀의 몸은 상처투성이였다. 1988년,

그녀는 샌프란시스코의 한 사회 복지 시설에서 폐렴으로 홀로 죽었다.”*

유년 시절부터 강간은 솔라나스의 삶의 일부였던 것으로 짐작되며, 그 파렴치한 폭력의 결과는 오로지 그만이 감당해야만 하는 몫이었다. 자신의 몸의 일부인 자궁조차도 강제적으로 '거세'당함으로써 솔라나스는 자기 결정권을 박탈당하는 삶을 살아야만 했다. 하지만 사회는 가해자를 찾는 대신 피해자를 주변화했다. 가정 폭력, 친족 성범죄 등 그 어떤 가부장제에 의한 폭력이 가해져도 사회 제도는 이를 폭력으로 이름하지 못했다.

컬랜드가 언급한 또 한 명의 여성 범죄자가 있다. 1927년 남편을 살해한 혐의로 사형당한 루스 브라운 스나이더(Ruth Brown Snyder)이다. 스나이더는 22세의 나이에 예술가이자 미술 잡지 편집자였던 앨버트 스나이더(Albert Snyder)를 만나 결혼했지만, 결혼은 평탄하지 않았다. 앨버트는 툭하면 과거 약혼자를 잊지 못하는가 하면, 자신의 불행을 루스에게 전가했다. 결국 앨버트로부터 버림받았다고 생각한 루스는 뉴욕의 어느 판매원과 불륜 관계를 시작하고, 그와 공모해 남편 앨버트를 살해했지만, 결국 범죄 사실이 드러나며 사형을 선고받는다. 많은 매체들은 루스를 악마화하기에 급급했고, 급기야 루스가 전기의자에서 처형당하는 장면은 사진으로 담은 최초의 전기의자형이 되어 버렸다. 사진가 톰 하워드(Tom Howard)는 발목 카메라를 비밀리에 장착한 채 루스의 마지막을 담아냈고, 얼마 지나지 않아 루스의 처형 장면은 'DEAD!'라는 큰 제호와 함께 《데일리 뉴스(Daily News)》에 실린다. 의자에 결박당한 여성이 앉아 있는 거친 흑백

---

* Justine Kurland, "SCUMB", *SCUMB Manifesto*, Mack, 2022, pp. 277-278.

질감의 이미지는 프랜시스 베이컨(Francis Bacon)의 〈절규하는 교황〉을 연상시킬 만큼 강렬하다. 여기서 컬랜드는 다시금 스나이더를 옹호한다. "나는 루스 브라운 스나이더를 떠올리는 것이 좋다. 그녀는 남편을 살해함으로써, 여성이 언제나 폭력의 수신자 역할만 한다는 관념에 도전한다. 미술사에는 남성이 여성을 학대한 사례가 차고 넘친다. 파블로 피카소와 아이크 터너는 아내를 폭행했고, 노먼 메일러는 아내의 등을 찌른 후 가슴까지 찔렀다. 칼 안드레는 유죄 판결을 받지 않았지만, 결혼한 지 여덟 달 된 아내 아나 멘디에타를 34층 창문 밖으로 밀었을 가능성이 높다." 그리고 이어서 말한다. "반면, 여성들은 스스로에게 더 잔혹하다. 버지니아 울프는 강물에 몸을 던졌고, 다이앤 아버스는 손목을 그었다. 프란체스카 우드먼은 투신했고, 샹탈 애커만의 자살 방식은 끝내 공개되지 않았다."*

사각형 프레임의 정체

『SCUMB Manifesto』의 사각형 프레임으로 돌아가 보자. 눈썰미 좋은 독자가 아닌 이상 이 프레임이 책을 해체하고 남은 겉표지의 안쪽이라는 걸 알아차리긴 쉽지 않다. 그렇다. 각 펼침면에 등장하는 프레임은 컬랜드가 해체하고 남은 '책의 껍데기'다. 그렇다면 컬랜드는 왜 책을 해체했을까. 해체한 책의 기준은 무엇인가.

컬랜드는 책으로 대변되는 가부장제에 반박하며 자신의 서재에 있는 약 150여 권의 백인 남성 사진가들의 사진책들을 해체했다. 그중에는 사진계의 '권위'로 자리매김한 스티븐

---

* 앞의 책, p. 277.

Justine Kurland, *SCUMB Manifesto*(Mack, 2022) 내지의 일부.
(위부터) Nudes(Vagina Totem), 2021 / A Shimmer of Possibility(Blue), 2021 / Georgia O'Keeffe, 2020.

쇼어(Stephen Shore)와 브라사이(Brassaï)도, 1950년대 미국 분리주의 및 인종 정책을 감성적인 톤으로 담아낸 로버트 프랭크(Robert Frank)의 『The Americans』도 있다. 컬랜드는 백인 남성 사진가들의 '권위 있는' 책에 등장하는 이미지들을 조각조각 가위질했고—그래서 각 작품의 제목은 해체 대상이 된 책 이름이다—가위질에서 살아남은 사진들은 컬랜드만의 독자적인 해석으로 재조합되어 이전 사진가의 흔적을 완벽하게 지워버린다. 기존 백인 남성의 사진책을 해체한 후 남은 앙상한 표지 껍데기만 배경에 있다. 기존 표지가 감싸고 있던 내지들은 온데간데없고, 오로지 컬랜드가 '구원한' 이미지들만이 살아남아 출처를 모르는 사진들이 모여 새로운 의미망을 구축한다. 백인 남성 사진가가 구축한 이미지의 성벽을 허물어뜨린다. 이제서야 비로소 책의 제목을 파악하게 된다. 'SCUMB' 그것은 'Society of Cutting Up Men's Books(남성 책을 잘라 내는 소사이어티)'로서, 한편에서는 남성 중심의 선정적이고도 성차별적인 사진 저널리즘으로 인해 죽음의 순간마저 이미지로 박제당해야만 했던 루스 스나이더에 대한 예술적 애도로서 읽히기도 한다.

　　저스틴 컬랜드가 만든 『SCUMB Manifesto』는 남성적 권위주의 상징물로서의 책에 책으로 저항한다. 그래서 『SCUMB Manifesto』는 21세기 버전의 독특한 페미니스트 선언이자 책을 활용한 예술적 퍼포먼스이다. 솔라나스의 1960년대 선언에 대한 오마주임을 넘어서 '책'이라는 상징 권력을 채택함으로써 '문자와 책의 가부장제'를 환기한다. 우리는 책을 제법 민주적인 매체로 간주하지만, 역사 속 많은 여성들은 문자와 글 그리고 그것들의 고양된 결과물로서의 '책'에 대한 접근에서 차단당했다. 그렇게 오랫동안 책은 남성의 언어만이 독점하는 글쓰기의 공간이었다.

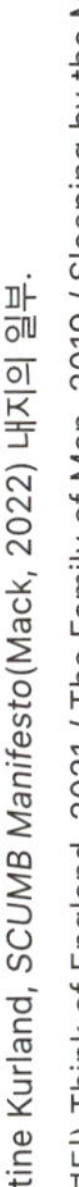

Justine Kurland, *SCUMB Manifesto*(Mack, 2022) 내지의 일부.
(위부터) Think of England, 2021 / The Family of Man, 2019 / Sleeping by the Mississippi, 2021.

노출 제본이 적용된 SCUMB Manifesto의 책등.

이는 이미지가 다수를 차지하는 사진책에서도 예외는 아니다. 여성을 향한 남성의 차별적 시선이 사회적으로 용인될 때마다 여성은 가라앉는다. 『SCUMB Manifesto』는 그런 가부장적 사회에 가위질이라는 삿대질을 한다.

발터 벤야민은 바이마르 공화국 시기 현대의 시각 언어로 포토몽타주*를 옹호했다. 기존의 시간대로 더 이상 저항과 혁명이 불가능하다면, 그 시간을 해체하고 재구성해야만 한다. 이때

---

* 이 글에서는 예외적으로 포토몽타주와 콜라주를 혼용하여 쓴다.

포토몽타주는 기존 사진이 담지하고 있던 권위주의와 폭력의 언어를 전달하고, 새로운 시간을 재조립하는 탁월한 시각 언어가 된다. 존 하트필드는 아돌프 히틀러가 집권하던 시기, 기존 사진들을 오려 내어 히틀러의 집권에 저항하고 이를 풍자하는 포토몽타주를 선보였다. 하트필드가 그렇게 사진을 사진으로 반박했다면, 컬랜드는 여기서 한 걸음 더 나아가 자신이 만든 포토몽타주 덩어리인 사진책을 통해 기존 사진책에 맞선다. 남성의 손과 시선이 주조해 나간 여성 재현의 역사는 사진가 저스틴 컬랜드가 왜 하필 사진책을 해체의 대상으로 삼았는지를 설명해 주는 단서이다. 그래서 발칙한 『SCUMB Manifesto』는 분명 기이하고 음산하고 무질서하고 혼란스럽지만, 다른 한편에서는 여전히 이곳을 지탱하고 있는 가부장제로부터의 해방 그리고 새로운 탄생을 염원하는 에너지로 가득하다. 큐레이터 마리나 차오(Marina Chao)가 쓴다. "콜라주의 첫 몸짓은 폭력을 담고 있지만, 그 마지막 행위는 봉합과 수정, 가능성에 대한 은유다. 형태가 은유적이고, 끊임없이 탈바꿈하며, 반항적이고, 교정적인 콜라주는 삶과 예술 모두에서 지속되는 페미니스트 전략이다."* 그렇게 권위주의의 산물로서 만들어진 책의 상징 또한 허물어진다. 서리북

---

* Marina Chao, "Cunts with the Kitchen Knife: Notes on Feminist Collage and Torn Paper," *SCUMB Manifesto*, Mack, 2022, p. 83.

전가경
디자인 저술가이자 사진책 출판사 사월의눈 대표. 서울에서 태어나 올해로 12년째 대구에 살고 있다. 그래픽 디자인에 대해 글을 쓰고, 강의하며, 사진책을 기획/편집한다.

환대, 그리고 출판으로 가는 문 앞에서의 상상력

이옥란

지피지기 캠프 '편집 비평회'에서 그동안 다룬 책들. (출처: 올차캠프)

출판사 근무를 그만두고서 '편집자 입문 과정' 강의를
처음 시작한 게 벌써 16년 전이다. 한겨레교육을 시작으로
서울북인스티튜트를 거쳐, 3년 전에 1인 기업 올차캠프를 세워
청년들의 취업 준비를 돕는 일을 계속하고 있다. 올차캠프는 '함께
배우는 출판 커뮤니티'를 지향하는 회사로 '출판 편집자 취업
준비 워크숍'인 지피지기 스타터 캠프를 운영한다. 올여름에 일곱
번째 프로그램을 진행할 예정이다. 이 일을 계속해야 할 이유는
무엇일까? 가끔 자문한다. 나는 왜 이 일을 하는가? '지피지기
스타터 캠프'는 무엇인가? 먼저 지피지기 스타터 캠프(약칭 지피지기
캠프)라는 프로그램이 '출판이라는 계'의 어디쯤에 있는지부터
객관적으로 살펴보는 게 좋을 것 같다. 출판업계의 현황을 통계로
가늠해 보자.

2025년 출판업, 출판사, 출판 편집자

출판사 편집자는 책을 만든다. 좀 더 구체적으로 표현해
보자. 출판사의 '모든' 편집자는 신간을 만든다. 그가 중견의
베테랑이든 막 입사한 신입이든 마찬가지다. 이 말만큼 지금
우리 출판의 단면을 잘 설명하는 말도 없을 것이다. 출판사
매출에서 신간이 차지하는 비중이 그만큼 크다는 의미이다.
2021년 40퍼센트였던 것이 2023년 50퍼센트로, 갈수록 높아지는
추세다.(『2024년 출판산업실태조사』) 한편 상품의 단가가 낮다. 평균
1만 8,633원(『한국출판연감』)짜리 상품 1종 1,000개를 1년 반에
걸쳐 판매하는 업종이다. 단가가 낮을 뿐만 아니라 시장이 작고
상품의 생명력은 갈수록 짧아지고 있다. 신상품을 계속해서
기획·제작해야 하기에 적절한 사전 훈련 기간을 거치지 못한
신입조차 곧바로 생산 라인에 투입할 수밖에 없는 구조이다.

상사가 사수 역할을 맡기 어려운 것도 같은 사정 때문이다.

알다시피 출판은 규모가 작은 산업이다. 2023년 출판 산업 통계를 살펴보자. 먼저 발행종수로 본 수치이다. 출처는 한국출판문화산업진흥원(이하 출판진흥원)의 『2024년도 상반기 KPIPA 출판산업 동향』이다. '일반 서적(단행본)'뿐 아니라 매출이 상대적으로 큰 '교과서 및 학습서' 등을 포함한 수치이기는 하지만, 일반 단행본 출판의 사정을 살피기에 부족하지 않다. 발행 실적이 있는 출판사(9,113개사) 가운데서 4종 이상을 낸 출판사가 35퍼센트 정도로 3,222개사이다. 10종 이상을 낸 곳이 16.4퍼센트로 1,495개사이다. 1-5종을 낸 곳은 6,759개사로 74.2퍼센트나 차지한다. 일반 단행본 출판사는 대략 3,000- 5,000개사가 아닐까 싶은데, 어쨌든 소규모의 영세한 업체가 다수인 점은 달라지지 않는다.

다음으로 출판업의 매출 규모를 보자. 출판진흥원의 『2024년 출판산업실태조사』는 일반 단행본 회사를 6,685개사로 본다. 일반 단행본, 학술/전문서, 수험서, 교과서 및 학습참고서, 학습지, 유아/아동, 전집 등을 포함한 출판 사업체 전체의 매출이 4조 7,565억 원이며, 그중 일반 단행본의 매출을 1조 5,948억 원이라고 정리했다. 금융감독원 전자공시시스템에 공시된 감사보고서를 분석한 대한출판문화협회의 『2024년 출판시장 통계』에 따르면, 문학동네·창비·다산북스·김영사·위즈덤하우스 등 상위 22개 주요 단행본 출판사의 매출 합계는 4,653억 원 남짓이다. 일반 단행본 총매출을 6,685개사로 나누면, 개별 회사의 연매출은 평균 2억 3,800만 원가량이다. 상위 22개사의 매출을 제외한다면, 6,663개사의 연매출은 평균 1억 6,900만

원이 된다. 여기에 다시 연간 1-5종을 내는 소규모 회사가 70퍼센트 이상이라는 점을 상기하면 개별 출판사의 가용 자원이 일차적으로 당장의 매출 압박을 해소하는 데 쓰일 수밖에 없는 조건임을 쉽게 알 수 있다. 회사는 신입이 적절한 사전 훈련을 거치지 못했더라도 곧바로 생산 라인에 투입할 수밖에 없다.

　　다음으로 종사자 분포를 보자(『2024년 출판산업실태조사』). 일반 단행본 출판사 종사자는 경영/관리, 편집, 북디자인, 마케팅, 제작관리, 저작권 등으로 업무 분야가 나뉜다(편집은 규모가 작은 회사일수록 비중이 높고 다른 업무를 겸하는 경우가 많은데, 대략 종사자의 40-50퍼센트를 차지한다). 연령대로 보면 30대가 46.4퍼센트로 가장 많고 40대가 23.3퍼센트, 50대 이상이 18.4퍼센트, 20대가 11.4퍼센트이다. 30대의 점유율이 40대로 가면 거의 절반으로 떨어진다. 40대에 이르면 '다른 선택', 퇴사의 가능성이 높아진다고 봐야 한다. 이는 높은 업무 강도나 만족도 저하에 따른 것으로 볼 수 있다. 또 20대의 점유율은 직원 채용 시에 회사 규모와 상관없이 신입보다는 경력자를 선호하는 경향을 반영한다. 근무 연한(근속 연수)으로 보면 3년 미만이 12.2퍼센트, 3년에서 5년 미만까지가 46.2퍼센트, 5년에서 10년 미만까지가 25퍼센트, 10년 이상이 16.6퍼센트이다. 3-4년 차의 점유율이 가장 높은 것은 매출액이나 종사자 수 규모에 상관없이 어디나 똑같다. 5년 차 이후에서 점유율이 큰 폭으로 떨어진다는 것은 근속을 어렵게 하는 요인이 회사 조직 내부에 그만큼 많다는 의미이다.

새로운 출판, 새로운 기회와 도전, 그리고 무엇보다 사람
이렇듯 출판 산업의 여건이 매우 불안정함에도 불구하고, 다른 일이 아닌 바로 출판 편집자의 일을 하겠다는 청년들이

캠프는 강의만으로 이루어지지 않는다. 전체 커리큘럼이 취업해 일할 사람 각자가 자기 준비를 하는 과정이 되도록 꾸려진다. (출처: 올차캠프)

많다. 급격한 변화의 시대, 일찍부터 신기술을 접한 신세대가 올드미디어에서 새로움을 찾고 있다. 여기에 입문 교육의 필요성이 존재한다. 이 새로운 세대의 자유분방함이 '텍스트-힙'을 주장하며 사회 다방면의 장소에서 읽기와 쓰기의 즐거움을 나누고 있다. 그간 책의 혜택을 누리며 지내던 이들이 이제 직업을 선택할 적에, 사회 변화에 밀착하여 저자를 찾고 독자를 상상하며, 북디자이너 등 협업자와 어우러져 손에 잡히는 최선의 결과물을 완성하는 일의 재미와 보람이 문득 궁금해졌을 것이다.

지금 사회의 어떤 분야나 어렵지 않은 곳이 없는 가운데, 출판도 어렵기 짝이 없는 시기를 지나고 있지만, 많은 출판 종사자가 출판의 본질을 되새기고 출구를 모색하는 중이다. 게다가 이 업은 원천 콘텐츠의 생산자로서 2차적 저작물로 파이를 키울 가능성이 없지 않다. 우리 출판에는 노벨문학상으로 세계가 인정한 작가가 있고, K-컬처가 세계인의 관심을 끌고 있는

가운데 저작권 수출이 다각도로 이루어지기 시작했고, 챗GPT 등 거대언어모델을 앞세운 기술의 활용도가 높아지고 있으며, 무엇보다 종이책을 통해 출판이라는 산업 분야로 진출하고자 하는 젊은 층이 여전히 많다. 하지만 회사원으로서 만만치 않은 업무를 감당해야 할 뿐만 아니라, 패러다임 변화의 파고가 거센 현장에서 뿌리내리는 일이 결코 녹록지 않다. 학생이었던 분들이 태세 전환 없이 직장 생활을 시작하면 초기에 너무 많은 에너지를 소진한다. 이들이 업에 연착륙하도록 돕는 일이 너무나 중요하다.

출판 편집자 취업 준비 워크숍인 지피지기 스타터 캠프는 '출판계'의 경계에 이웃해 있는 '편집자 지망생들의 베이스캠프'라고 정의할 수 있다. 출판계로 입성하기 전에, 같은 꿈을 지닌 동료들과 더불어서 편집자의 자질을 중심으로 해서 자기 자신을 가다듬고(知己), 자신과 가장 잘 맞는 분야나 조직을 알아보는(知彼) 시간을 갖는 것이다. 참가자들은 3개월 동안 여러 출판 선배들로부터 출판의 언어를 배우면서 자신에게 내재된 편집 감각을 일깨우고, 취업 시장의 특징을 분석하여 취업을 준비한다. 출판사가 제공한 원고 및 기출간 도서를 읽고 시장 조사, 독자 분석, 사회 조사 등을 통해 시장을 판단하고, 기획서와 비평문 등 문서를 작성하고, 여러 차례의 발표를 통해 자신만의 언어와 생각을 벼릴 수 있다. 모든 활동은 여러 각도에서 팀 활동으로 이루어지도록 구성되어 있다. 주 2회 출석하지만 따로 시간을 들여서 해야 할 활동이 많고, 결과를 완성해서 전체 활동으로 발표해야 하므로 활동 자체가 만만치 않다. 하지만 본인의 의지에 따라 할 수 있는 일도, 결과물의 완성도도 달라질 수밖에 없다. 그런 변화와 결과물의 의미는 당사자가 즉각적으로 인지할 수 있다. 몰입하여 결과물을 완성하는 시간이 지속되다

캠프 오리엔테이션 직전의 기다리는 마음.
지피지기 캠프는 매년 2회, 3개월 과정으로 운영된다. (출처: 올차캠프)

보면 어느 순간 눈빛들이 달라지고 목소리에 힘이 생긴다. 집중할 수만 있다면 "모든 것이 어려웠지만 동기들이 있어 마침내 해냈다. 뿌듯하다."라는 자기 평가가 가능해진다.

내용은 크게 세 개 트랙으로 나뉜다. ① 편집기획 워크숍, ② 강의와 발표 수업, ③ 취업 준비 활동이다. ① 편집기획 워크숍은 편집자의 업무 기획 활동으로서, 협력 출판사에 따라 편집팀을 구성하고 출판사가 제공한 원고로 편집기획을 진행한다. 1인 1기획서를 작성, 제출해야 한다. ② 강의와 발표 수업에서 얻은 지식을 편집 기획 활동에 활용한다. 편집기획은 제공된 하나의 원고로 편집자 자신의 안목과 능력, 지향에 의거해 새로운 결과물을 창안하는 행위이다. 원고 검토 후 시장 조사와 분석을 수행하면서 각자 나름의 판단으로 기획의 방향 및 편집 방안을 설정해야 한다. 기획서는 두 차례 발표를 거쳐 완성하는데, 최종 기획서는 협력 출판사 대표의 피드백을 받게 된다. 편집기획 워크숍 중간에 기출간 도서를 추천, 선정하여 '편집 비평'을 진행한다. 편집 기획과는 다른 방향에서 거꾸로, 완성된 책의 편집을 분석해 보는 것이다. 참가자 모두가 책을 추천하고, 역시 팀을 이루어 읽고 쓰고 조사하고 발표하고 상호 피드백하게 된다. 책임 편집자와 연락이 되면 문서로 궁금한 점을 질문하거나 직접 만나 대화를 나눌 수도 있다.

캠프의 참여 강사는 현재 열네 분이다. 원고 협력사로 세 곳, 사이드웨이 출판사의 박성열 대표, 멀리깊이 박지혜 대표, 유유히 이지은 대표가 함께하고 있다. 젊고 의욕 넘치는 편집자, 출판인들이다. 출판의 본질을 고민하면서 출판 현장을 감당하는 이들을 나는 '편집자 지망생들의 어미 오리'라고 부르고는 한다. 초기 프로그램에는 유유출판사의 조성웅 대표, 빨간소금 출판사의 임중혁 대표, 혜화1117의 이현화 대표가 함께했었다. 또 김준섭 한겨레출판 부편집장은 '편집자의 업무설계'와 '취업지원서 작성법'을, 김남중 한권의책 대표는 '어린이책의 세계'를, 박태근 위즈덤하우스 출판본부장은 '편집자가 알아야 할 시장 감각'을, 최양순 전 책세상 주간은 '편집자의 협업과 커뮤니케이션'을, 정혜지 생각의힘 편집팀장은 '편집자의 일, 좋아하는 마음'을, 북디자이너 김경민은 '북디자이너의 일'을, 김진형 아카넷·디플롯 주간은 '저자와의 동행' '출간기획 지도 만들기'를, 박중혁 흐름출판 마케팅팀 과장은 '단행본 마케팅의 흐름'과 '편집자가 알아야 할 홍보 마케팅'을, 올차캠프 대표인

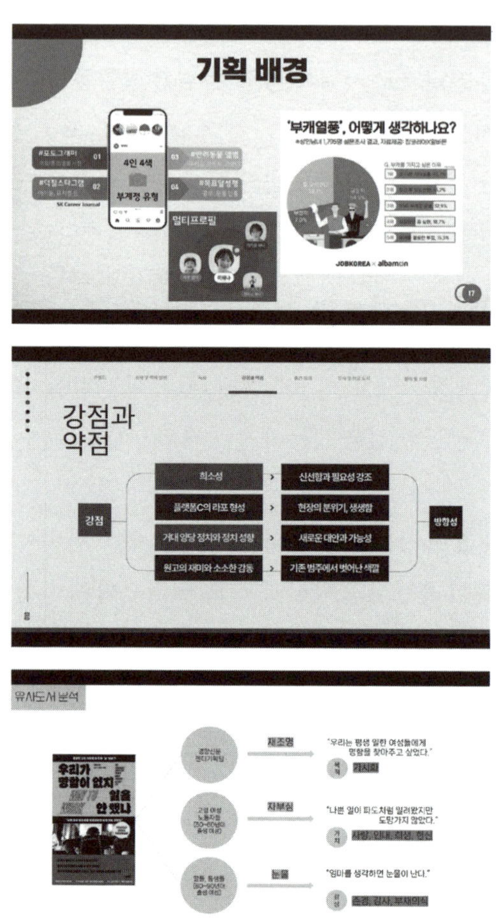

지피지기 캠프 참가자들이 편집기획서 발표 자료의 일부. (출처: 올자캠프)

나는 '편집 공정', '단행본 구조와 설계', '출판 교정', '저작권법과 계약', '출판 제작', '보도자료' 등을 강의한다. 따로 저연차 편집자의 특강을 들으며 캠프 활동과 취업 준비의 팁을 얻기도 하고, 취업 상담을 두 차례 하고, 지원서 작성 전략을 공부하고, 취업 준비 스터디를 꾸리기도 한다.

하나의 원고가 열 명의 편집자를 만나면 각기 다른 열 가지 책이 된다. 편집자 한 사람이 가진 생각, 감각, 열의 그리고 집요함이 책을 만들기 때문이다. 그만큼 책을 만드는 일에서 편집자 한 사람이 중요하다. 산업이 처한 어려움을 교육이 해소하지는 못할 것이다. 그러나 사회 자본으로서 출판 인프라의 사정을 알고 책을 만드는 일을 시작하는 것에는 의미가 있다.

취업 준비 프로젝트로서 지피지기 캠프는 다만 길잡이 역할을 할 뿐이다. '환대, 그리고 출판으로 가는 문 앞에서의 상상력'이라는 표현으로 캠프 참가자들의 경험을 정의해 보고는 한다. 평균 나이 26-27세다. 내가 무턱대고 출판 편집자라는 업에 뛰어든 때가 스물다섯이었다. 일이 좋았다. 시장에는 수백만 부, 수십만 부 베스트셀러가 있었지만 출판업의 사정이 지금보다 좋았다고 하기 어렵다. 그때 나를 맞아준 사람들이 있었다. 출판 노조의 소모임이기도 했고, PC통신 시절의 동아리이기도 했다. 내가 이 일을 계속해야 하는 이유를 무엇이라 정의하든 그 이면에는 청년 시절에 경험한 환대와 연대의 기억이 있다. 일을 이어오는 동안 늘 그런 마음들이 함께 있었다. 편집자 지망생 청년들, 지피지기 캠프의 청년들이 선배 출판인들, 같은 꿈을 꾸는 동기들과 나눈 환대와 상상력의 시간이 거친 현장을 일구어 가는 동안 오래도록 든든하게 간직되기를 바라는 마음이다. 서리북

이옥란
출판 편집자로 일했다. 2009년 출판 교정, 출판기획 편집자 입문 강의를 시작으로 한겨레교육, 한국출판인회의 부설 서울북인스티튜트 등에서 강의했다. 서울출판예비학교 편집자 과정 책임교수로 10년을 일한 경험으로 올차캠프를 만들어 출판 편집자 취업 준비 워크숍인 '지피지기 스타터 캠프'를 운영하고 있다.

리뷰

반론과 재반론

서울
리뷰 오브
북스

이븐 바투타 지음, 정수일 역주

『이븐 바투타 여행기』(전2권)
이븐 바투타 지음, 정수일 역주
창비, 2001

감옥에서 온, 환대의 기록

최소영

여행자는 길을 떠남으로써 새로운 세계의 목격자가 된다. 그는 낯선 지역과 그 안에 속한 개인들을 관찰하고 이에 대한 판단을 내린다. 이러한 인식과 해석에는 그 사람의 개인적 성향과 더불어 종교, 성별, 인종과 같은 정체성이 작용한다. 또 하나 중요한 요인은 여행지에서 받은 대우이다. 여행자가 경험한 대우는 이후 여행의 지속 여부와 그 경로에도 영향을 미친다.

여기 지금으로부터 정확히 700년 전 이슬람 최고 성지 메카로 순례를 가기 위해 고향을 떠난 모로코 청년이 있다. 그의 이름은 샴스 앗딘 압둘라 무함마드 이븐 압둘라 이븐 무함마드 이븐 이브라힘 이븐 무함마드 이븐 유수프 라와티 알 탄지 이븐 바투타*였으며 간단히 이븐 바투타라고 불렸다. 탕헤르의 한 법학자 집안에서 태어나 어렸을 때부터 이슬람 교학 교육을 받은 이븐 바투타는 20세가 넘자 성지 순례를 가기로 한다. 이때의 일을 훗날 그는

* Shams al-Dīn Muḥammad ibn ʿAbd Allāh ibn Muḥammad ibn Ibrāhīm ibn Muḥammad ibn Yūsuf Lawati al-Tanji ibn Battūta.

"내가 카아바를 순례하고 사자(使者)의 성묘를 참배하기 위해 고향 탕헤르를 떠난 것은 725년(1325) 7월 2일 목요일이었다. (……) 그때 내 나이는 갓 22살이었다."라고 적었다.(1권, 33-34쪽) 그는 이집트와 팔레스타인, 시리아를 거쳐 메카와 메디나가 있는 헤자즈 지역에 도착하여 곳곳을 순례했다. 그리고 거기서 고국으로 돌아가는 것이 아니라 여행을 계속하기로 한다. 이렇게 해서 그의 여행은 페르시아와 킵차크 초원, 아나톨리아 반도에서 중앙아시아와 인도, 중국까지 이어졌다. 이븐 바투타는 여정 전체에 걸쳐 만나는 개인과 집단들을 관찰하고 그 결과를 여행기에 적었다.

이 오래된 저작의 장황한 아랍어 텍스트를 이해하는 것은 쉽지 않다. 기본적으로 아랍어는 물론 페르시아어와 튀르크어에 대한 지식이 요구되며, 이슬람에 대한 깊은 이해와 더불어 역사와 지리에 관한 폭넓은 소양도 필수적이다. 이븐 바투타 여행기가 다루는 시대와 주제의 중요성에도 불구하고 2000년경까지 전 세계에서 완역본이 프랑스어와 영어 번역밖에 없었던 것은 이 여행기 번역의 어려움을 단적으로 보여 준다.

한글 역주본 이븐 바투타 여행기

그런데 2001년, 이 여행기의 아랍어 원문 전체에 대한 완역은 물론 풍성한 주석까지 달린 한국어 번역본이 세상에 나왔다. 동서 교류사와 이슬람사를 주제로 연구하며 단국대 사학과에서 학생들을 가르치다가 간첩죄로 투옥된 정수일이 감옥에서 이 책을 역주하여 출소 후 출간한 것이다. 14세기 북아프리카와 헤자즈, 페르시아, 북방 초원과 중국에 이르는 지역의 생활과 종교에 대한 생생한 기록을 담은 원문에 역주자가 온갖 이슬람 용어와 각종 인명, 지명 등에 대한 주석을 촘촘히 채워 두어서, 이 책은 가히 이슬람 백과 사전이라고 해도 과언이 아니다. 즉 독자들은 원문의 내용은 물론, 이 책의 주석을 통해 '마드라사'와 같은 단어들과 '비스밀라'같이 이슬람에서 자주 등장하는 문구의 구체적 의미를 이해하게 되며, 더 나아가 이슬람 역사에서 중요한 제도, 인물, 지역에 대한 심도 있는 정보를 얻을 수 있다.

다만 원문 텍스트 자체가 읽기 쉬운 것이 아닌 만큼 번역본도 책장이 수월하게 넘어가지는 않는다. 이 역주서를 읽는 독자들은 두 개의 장벽을 넘어야 한다. 첫째는 아랍어 발음에 대한 정수일의 고집스러운 신념에서 나온 낯선 한글 표기이다. 예를 들면 우리가 일반적으로 알고 있는 술탄이라는 단어를 이 책은 '쑬퇀'으로 적고 있다. 이는 역주자가 a와 결합한 아랍어 자음 ص(ṣ)를 س(s)와 구분하여 '쏴'로, ط(ṭ)를 ت(t)와 구분하여 '퇀'라고 옮기고 있기 때문에 나타난 일이다. 두 번째 장벽은 중세 아랍어에 필적하는, 번역문의 한자어들이다. 독자들은 곳곳에서 '소항(遡航)'이나 '박시제중(博施濟衆)'과 같은 표현을 마주치게 되고 그때마다 한자를 보고 뜻을 짐작하거나 한자에 익숙하지 않은 경우 사전을 찾아보아야 한다. 그러나 이 장벽을 넘어서면, 14세기 한 여행가가 자신이 알고 있던 세계를 종횡무진 가로지르며 목격한 풍경을 고스란히 공유하는 즐거움을 누릴 수 있다.

이븐 바투타가 여행한 도시 이름만 나열해도 두세 페이지가 넘어갈 것이므로, 이제 정수일의 역주서를 따라 몇 개의 주요 지역에 대한 기록을 살펴보자.

좋은 이웃들의 도시, 메카

고향을 떠난 이븐 바투타는 이집트와 샴(시리아)을 거쳐 성지 순례단에 합류하여 메디나와 메카로 향했다. 메카에 대한 이븐 바투타의 묘사는 이슬람 최고의 성지인 이 도시가 독자의 눈앞에 있는 듯 상세하다. 메카에서 그는 성스러운 흑석 카바(al-Ka'bah)에 입맞춤하고 이브라힘의 거처에서 절을 올린 후 예언자 무함마드가 마셨다고 하는 잠잠천의 물을 마셨다. 그는 카바 흑석, 잠잠천의 돔의 구조와 크기, 메카 성문의 외양을 비롯하여 시 중심에 있는, 이른바 금사(禁寺)의 규모와 구조, 기둥 개수, 가구들의 모양, 벽에 새겨진 문구 등을 상세히 설명하고 사이사이에 그것들과 관련된 이슬람 교리와 역사를 열거했다. 한국어 번역본 기준 14페이지에 걸쳐 기록된 메카 도시 이야기는 가히 이 역주서의 꽃이라고 할 만하다. 또한 이 여행기는 당시 이슬람의 상황과 여러 지역에서 발전하고 있던 각 이슬람 법학파의 이맘(imām, 이슬람 지도자)과 카디(qāḍī, 법관)들, 세속 지배층인 술탄과 아미르(amīr, 고관)들의 정황을 계속해서 상세히 기술한다. 그리고 이븐 바투타는 메카 카디의 성품과 메카 주민들의 도덕에 대해 다음과 같이 평가했다.

> 메카의 법관은 이맘이며 학자인 무힛 딘 톼브리의 아들인 역시 학자이며 독실한 수행자인 나즈뭇 딘 무함마드다. 그는 구덕한 사람으로서 연조(捐助, al-ṣadaqah)도 푼푼이 하고 우접자들도 많이 위로하고, 성품이 훌륭하며, 영회나 성스러운 석전 참배도 자주 하는 사람이다. (1권, 227쪽)

> 메카 사람들은 품행이 단정하고 무척 마음씨가 좋고 도덕이 바르며, 약한 자와 없는 자들을 성심껏 돌보고, 낯선 사람들과도 좋은 이웃으로 지낸다. (……) 메카 사람들의 의상은 우아하고 깨끗하며 (……)(1권, 226쪽)

이슬람 성지 메카의 대모스크에 모인 사람들. 가운데의 검은 건축물이 성스러운 카바 신전이다.
(출처: 위키피디아)

　"낯선 사람들과도 좋은 이웃으로 지내는 메카"에서 즐겁고
벅찬 마음으로 순례를 마친 이븐 바투타는 귀향하지 않고 여행을
계속하기로 한다. 이라크 순례단을 따라 더 동진하여 옛 아바스 칼
리프조의 수도였던 바그다드로 가기로 한 것이다. 계획에 없던 여
정이었으나 이븐 바투타는 걱정할 것이 없었다. 순례단 단장이 이
븐 바투타를 위해 바그다드의 한 구역에 자기 돈으로 집을 빌려
서 살게 해주겠다고 약속했기 때문이다. 이러한 친절은 이븐 바투
타가 최초 여행지였던 이집트 그리고 시리아를 방문했을 때부터
이미 경험한 것이었다. 그곳에서 그는 수행자들의 거처인 자위야
(zāwiyah)에서 무료로 머물렀고 곳곳에서 초대를 받아 가서 음식과
은화를 받았다. 이 환대는 손님을 후대하는 이슬람 관행에 더해 이

븐 바투타 자신도 교육받은 샤이흐(지식인)이자 법관이었기 때문에 누릴 수 있었던 특권이었다.

바그다드의 새로운 주인

바그다드는 약 500년간 이슬람의 정신적 지주였던 아바스 칼리프조의 수도였다. 그런데 이븐 바투타가 이곳을 방문하기 약 70년 전인 1258년 칭기즈 칸의 손자 훌라구가 군대를 이끌고 와서 이 오래된 왕조를 파괴했고 바그다드와 주변의 페르시아 권역은, 일칸국이라고도 불리는 훌라구 울루스*의 일부가 되었다. 그러나 이븐 바투타가 도착했을 때는 이교도 침략자였던 이 몽골인들이 모두 이슬람을 받아들인 후였으며 이제 아바스 칼리프조는 없지만 다시 이슬람 땅이 된 몽골령 페르시아는 이븐 바투타를 환대했다. 당시 훌라구 울루스의 군주는 아부 사이드 바하투르 칸이었다. "가증스러운 틴키즈(즉 칭기스)"(1권, 526쪽)와 칼리프 정권을 파괴한 훌라구의 후예이지만 이미 무슬림이 된 아부 사이드 칸은 이븐 바투타를 환대했다. 칸은 멀리서 온 이 젊은 이슬람 법학자를 직접 자신의 조정으로 초청하여 그의 고향에 관해서 여러 가지를 묻고 친절하게 좋은 의복과 말을 하사했다. 그뿐만 아니라, 그가 다시 메카로 향하고자 한다는 말을 듣고 수레 등을 마련해 주었으며 바그다드의 아미르에게 그를 잘 대접하라는 서신을 전했다. 이를 받은 바그다드 시장은 이븐 바투타에게 여러 명 분량의 물자와 음료를 지급했으

---

* 몽골제국은 카안 울루스(원(元)), 차가타이 울루스, 주치 울루스, 훌라구 울루스, 이렇게 네 개의 울루스로 이루어져 있었다. 울루스는 원래 '사람', '백성'이라는 뜻이다. 이들은 현대의 여러 저서나 온라인상에서 각각 원(元), 차가타이 칸국, 킵차크 칸국, 일칸국이라고 불리기도 하는데 이러한 명명은 몽골제국이 여러 독립 국가로 분열되었다고 하는 인식에서 나온 것이며 옳다고 보기 어렵다.

13세기 서적 알 하리리의 『마카마트(*Maqāmāt*)』에 그려진 순례자와 대상 일행.(출처: 위키피디아)

며 순례단에게도 그를 정중히 대접할 것을 지시했다.

　　이븐 바투타는 바그다드의 역사와 아바스 칼리프조의 몰락을 서술하면서 몽골인들이 마지막 칼리프 알 무스타심을 살해하고 왕조를 멸망시킨 사실을 적었다. 그럼에도 그는 침략자의 후예인 아부 사이드 칸을 "거룩한 쑬퇀"(1권, 332쪽)이라 부르고, "얼굴에 그림자 하나 없는, 알라가 창조한 수절 용모를 가진 완벽한 인물"(1권, 333쪽)이라며 극찬했다. 이러한 긍정적 평가와 찬사에는 몽골 칸이 이슬람으로 개종하여 같은 신앙을 공유하게 된 것과 더불어 자신이 그에게서 받은 물질적·정신적 환대가 중요하게 작용했다.

또 다른 이슬람의 땅, 주치 울루스와 차가타이 울루스

이븐 바투타는 또 다른 몽골 영토를 향해 갔다. 그곳은 남러시아 킵차크 초원에 위치해 있으며 대개 킵차크 칸국이라 불리는, 칭기즈 칸의 장남 주치 가문이 세운 주치 울루스의 땅이었다. 당시 이곳의 군주는 무함마드 우즈베크 칸이었으며 그 역시 무슬림이라고 알려져 있었다. 그런데 그는 예배에도 정해진 시간보다 늦게, 그것도 술에 취해 나타나는 등 "경건하지 못한" 사람이었으나 이븐 바투타를 초청하여 좋은 음식을 주며 후하게 접대했다. 이븐 바투타는 "이 쑬퇀이야말로 군주로서 세력이 막강하고 위세와 권위가 대단하며 알라의 숙적인 대콘스탄티노플인들을 제압하고 그들에 대한 성전에 진력한 쑬퇀"이라고 예찬했다. (1권, 478쪽)

다음으로 그가 간 곳은 아무다리야 강변 호레즘 지역의 차가타이 울루스였다. 그곳은 6-9세기 국제 무역을 주도한 소그드인들의 땅이었고 13세기 칭기즈 칸이 흥기할 때는 호레즘 술탄국이 자리하고 있었다. 칭기즈 칸은 자신이 보낸 대상단이 호레즘에 의해 몰살되자 그 국가를 절멸에 이르게 했다. 이후 그의 아들 차가타이와 그 후손들이 이곳에 자리 잡았으며, 그들 역시 점차 피지배층의 종교인 이슬람을 받아들였다. 먼저 이븐 바투타는 이 지역의 주요 도시 중 하나인 부하라에 도착했다. 그런데 그는 이 지역 주민들에 대해 다음과 같이 평가했다.

이곳 주민들은 어쩐지 좀 치졸하다. 그들은 너무나 배타적이고 허황한 일만을 주장하고 진리를 거부한다. 하와리즘(즉 호레즘)이나 기타 지역에서 행하는 당당한 증언마저도 부정하고, 학문의 '학'자 하나 제대로 아는 사람이 없고 학문에 관심을 두고 있는 사람도 없다. (1권, 526쪽)

이슬람 세계의 영적 권위를 상징하던 칼리프조를 멸망시킨 몽골인 칸에게도 극찬을 아끼지 않았던 이븐 바투타는, 이슬람의 대도시 부하라 주민들에 대해서는 대단히 부정적인 평가를 내렸다. 그런데 부하라를 떠나 인근의 또 다른 대도시 사마르칸트를 방문한 그는 이 도시에 대해 다음과 같이 썼다.

> 싸마르깐드는 대단히 크고 아름다운 도시다. (……) 싸마르깐드인들은 심성이 선량하고 외방인에게도 친절하다. 이런 면에서 그들은 부하라인들보다 한결 낫다. (1권, 542쪽)

이러한 평가로 미루어 볼 때, 이븐 바투타가 부하라인들을 진리와 학문에 비추어 비판한 것처럼 보이지만 사실은 외지인인 자신에 대한 불친절한 대우가 보다 중요한 요인이었음을 짐작할 수 있다. 이 울루스의 칸 타르마시린은 사람을 보내 이븐 바투타를 조정으로 초청했고 그가 거쳐 온 메카와 메디나, 꾸드스(예루살렘), 다마스쿠스, 이집트, 그리고 훌라구 울루스의 군주 등에 대해 두루 물었으며 그의 경험을 존중하며 들어주었다. 이븐 바투타는 칸을 칭송했으며 "거룩한 쑬탄 알라웃 딘 톼르마쉬린은 권세가 대단하고 많은 군사를 소유하고 있으며 영토가 광활하고 국력도 막강하다. 게다가 치세도 공정하다."고 평가했다. (1권, 531쪽) 이븐 바투타는 계속해서 여정을 이어 이번에는 인도를 지나 중국으로 가게 된다.

가장 부유한 이교도의 땅: 대칸의 원나라

이븐 바투타는 타르마시린 칸의 땅을 떠나 남쪽으로 힌두쿠시 산맥을 넘어 인도로 갔다. 몽골제국 초기 호레즘을 공격할 때 칭기즈 칸은 인도에도 관심을 보였으나 기후 문제 등으로 그냥 돌아갔고 인도는 몽골의 침략을 피할 수 있었다. 이븐 바투타 방문 당시 인도는 델리를 중심으로 한 이슬람 술탄국이 지배하고 있었다. 그곳에서 이븐 바투타는 뜻밖에 술탄 궁의 카디에 임명되었고 인도에서 어느 여행지보다 오래 머물다가 술탄의 사신으로 대량의 예물과 함께, 몽골제국 대칸의 직할지인 카안 울루스, 즉 중국 원(元)으로 파견된다.

그러나 출발도 전에 이븐 바투타는 짐과 일행을 모두 잃게 되었고 추궁이 두려워 술탄에게 이를 알리지 않은 채 혼자 다른 곳을 돌아다니다 결국 빈손으로 중국으로 갔다. 긴 항해 끝에 광저우에 도착한 이븐 바투타는 중국에 대해, 군주는 타타르인, 즉 몽골인이며 "지역이 광활하고 각종 물산과 과실, 농산물, 금·은·동이 풍족하다. 이런 면에서 지구상의 그 어느 지역과도 비견할 수 없다. (……) 도기는 인도나 기타 지역, 심지어 마그리브의 우리나라에까지 수출된다. 중국 도기야말로 도기 중에서 최상의 것이다."라고 적었다. 그러나 중국인들은 "우상을 숭배하는 이교도들"이었다.(2권, 323쪽) 몽골제국의 다른 지배층이 모두 이슬람을 받아들인 것과 달리 원 황실과 귀족들은 티베트 불교를 깊이 숭상했고 피지배층인 중국인들은 불교나 도교를 믿었다. 그러므로 이븐 바투타는 이전의 몽골 통치 지역에서와 다른 모습을 보인다.

> 중국 지방은 비록 아름답기는 하지만, 내 마음에 들지 않았다. 이교도 풍조가 하도 강하기 때문에 내 심정은 심히 언짢았다. 집만 나서면 비행이 눈에 띄어 나를 불안하게 하는 통에 꼭 필요한 일 외에는 외출하지 않고 집에만 틀어박혀 있었다.(2권, 335쪽)

이슬람 지역에서 이븐 바투타는 이런저런 고위 인사들의 초청을 받아 다니느라 집에만 틀어박혀 있을 시간이 없었다. 그런데 몽골제국 전체의 중심이었던 원은, 동으로는 고려인부터 서로는 유럽의 상인과 사제들까지 온갖 다양한 사람들이 모이는 곳이었고 그 지배층은 모두가 티베트 불교를 믿었다. 그들에게 서쪽에서 온 이슬람 법학자는 특별히 환대할 대상이 아니었을 것이다.

　　이븐 바투타는 여기서도 자신이 칸의 초청을 받아 수도 칸발릭(현 베이징)으로 갔으나 칸이 반란을 진압하러 북쪽으로 가버리는 바람에 만날 수가 없었다고 적고 있다. 그런데 당시의 대칸인 토곤 테무르는 직접 반란 진압을 위해 수도를 떠난 적이 없었다. 이븐 바투타는 심지어 진압 전투에서 칸이 사망했다고 말하고 있으나 토곤 테무르는 주원장의 명군에 의해 쫓겨날 때도 역시 살아 있었으므로 이것은 중요한 오류이다. 중국에 대한 기록은 여행기 전체에서 해당 지역의 정치 상황에 대한 잘못된 정보가 가장 많은 부분이다. 이는 이븐 바투타의 기억에 혼동이 일어난 것일 수도 있고, 그에게 정보를 준 중국 동남 해안 지역의 무슬림들이 북쪽의 칸발릭에서 벌어지는 정치적 상황을 정확히 알지 못했기 때문일 수도 있다. 어쨌든 그가 방문했던 때의 원 내부가 반란과 수해에 시달리고 정국이 어지러운 것은 사실이었으며. 이븐 바투타는 운하를 통해 온 길을 다시 돌아 내려가서 서둘러 배를 타고 대칸의 땅을 떠났다.

환대의 기록

이븐 바투타는 첫 여행지 이집트에서부터 관료와 이슬람 법학자 등 고위 인사들로부터 융숭한 대접을 받았다. 이븐 바투타가 "선덕을 겸비"했다고 적은 나일강 가의 어느 도시의 시장(市長)은 그에게 숙식을 제공해 주고 "우정을 돈독히 하였"고 심지어 그가 다른

19세기 프랑스 삽화가 레옹 베네가 그린 이븐 바투타. (출처: 위키피디아)

도시로 옮겨간 후에도 사람을 보내 여행 경비로 쓸 은화 뭉치를 건네주었다.(1권, 63-64쪽) 메카에서도 이븐 바투타는 덕이 있는 카디와 좋은 성품의 시민들로부터 환영을 받았고 그가 메카 순례 완료 후에 계속해서 바그다드로 가겠다고 하자 순례단 단장은 바그다드의 한 구역에 자기 돈으로 집을 빌려서 살게 해주겠다고 약속했다.

즉, 이븐 바투타가 메카 순례를 마친 이후에도 여정을 계속한

데에는 세상에 대한 그 자신의 지적 호기심뿐만 아니라, 당시 그가 알고 있는 세계의 절반을 차지하던 이슬람 세계(Dār al-Islam)에서 받은 지속적인 환대가 중요한 동인으로 작용했을 것이다. 이는 동시대 여행가인 유럽 출신의 기독교도 마르코 폴로에게는 불가능했을 경험이었다. 특히 수피즘이 확산되면서 그 수행 도장인 자위야가 광범위하게 설치되어 순례자들의 숙소로 기능했고 각지의 무슬림들은 이른바 이슬람의 형제애(ikhwah)를 발휘하여 손님을 극진하게 대접했으며 또한 최고 지위의 군주들은 경건한 무슬림이 멀리서 찾아온 것을 널리 알려 자신의 명성과 명예를 높이고자 했다. 델리의 술탄이 이븐 바투타에게 은화와 토지를 주면서 "나는 당신의 마음을 편하게 해드리며, 당신에게 자비와 은고(恩顧)를 베풀 것입니다. 당신네 나라 사람들이 이러한 이야기를 들으면 이곳을 찾아오지 않겠습니까?"(2권, 166쪽)라고 했다는 이븐 바투타의 기록은 그가 여러 지역에서 후한 대우를 받을 수 있었던 배경을 잘 보여 준다. 또한 이 먼 여행길은 여성에 비해 남성인 이븐 바투타에게 훨씬 안전한 것이었으며, 그는 여정 중 여러 지역에서 현지 귀족 여성과 혼인했다가 쉽게 이혼하거나 이별한 뒤 여행을 계속 이어갔다.

　또한, 역자는 중요하게 언급하지 않았지만 이 시기가 몽골제국의 시대였던 것은 이븐 바투타의 여행에서 간과할 수 없는 중요한 배경이다. 13세기 초에서 중후반에 걸쳐 세계의 주요 문명권인 중국과 중앙아시아, 페르시아, 그리고 남러시아 초원 지역이 모두 몽골이라는 단일한 세력하에 들어갔고 각 지역에 자리 잡은 몽골 정권은 서로 다투기도 했지만, 그들 사이의 국경은 열려 있었으며 그들이 장려한 왕래와 교류의 규모는 전무후무한 것이었다. 또한 지방의 수령이나 몽골 군주의 허락을 얻으면, 이븐 바투타가 몇

번이나 언급했고 몽골제국을 떠받친 기둥이라고 일컬어지는 역참을 이용하며 누구나 쉽게 이동할 수 있었다. 이븐 바투타는 이 열린 국경을 넘어 환대 속에 여정을 이어 나갔다. 이것이 이른바 팍스 몽골리카의 모습이다. 정수일이 세계 4대 여행기라고 꼽은 것 중 세 개(이븐 바투타, 마르코 폴로, 오도릭)가 이 시기의 여행기인 것은 몽골제국 시대의 특징을 선명하게 보여 준다.

몽골제국 쇠락의 목격자

그가 메카를 떠나 동진하면서 만난 몽골 울루스의 지배자들은 세계 정복자로서의 자신감이 넘쳤다. 그런데 가장 동쪽의 대칸의 나라를 반환점으로 하여 다시 서진하던 무렵에는 몽골 울루스들이 하나둘씩 붕괴하고 있었다. 그는 거대 세계제국의 몰락을 목격한 증인이었다. 먼저 그가 대칸의 영토인 중국의 원을 방문한 14세기 중반, 대칸이 사망했다는 그의 언급은 사실이 아니지만 실제로 원은 내란과 재해로 풍전등화의 상황이었다. 그러므로 위험하니 그곳을 떠나야 한다는 조언을 들었다는 그의 기록은 믿을 만하다. 또한 그는 중국을 떠나 고향으로 돌아가는 길에 차가타이 울루스의 "세력이 막강하고 위세와 권위가 대단한"(1권, 478쪽) 우즈베크 칸이 칭기즈 칸의 법령인 자삭(jasaq)을 지키지 않았다는 이유로 폐위된 소식을 들었다. 그는 안타까워하며 이 일을 기록했다. 또한 그는 자신이 "거룩한 쑬탄"이라고 칭했던, 페르시아 훌라구 울루스의 아부 사이드 칸의 나라가 이미 멸망한 것을 직접 목도하고, 그 자리에 새로 들어선 여러 계승 왕조들을 기록했다. 페르시아의 저명한 재상이자 역사가였던 라시드 앗딘이 아부 사이드 칸 즉위 이전에 사망했기 때문에, 그의 저서 『집사(Jāmiʿ al-Tawārīkh)』에는 아부 사이드의 재위기와 훌라구 울루스의 몰락이 기록되지 못했다. 이븐 바투타는 자신도 모르게 그 단절된 서술의 뒤를 이은 셈이다.

감옥, '격폐된 학문의 산실'

방대한 여행기를 다 읽고 나면 마지막 페이지에 다소 기이한 지도가 하나 등장한다. 이븐 바투타가 이동한 루트를 마르코 폴로의 여정과 합하여 그린 지도다. 그런데 경계를 나타내는 선들이 어딘가 이상하고 제목과 지명들이 모두 손 글씨로 쓰여 있다. 이 지도에 대해 정수일은 "독자들이여, 이 책에 첨부된 '이븐 바투타 여행로 전도'와 마르코 폴로와 이븐 바투타 여행로 전도를 무심히 대하지 마시라."(2권, 427쪽)고 요청한다. 이 지도의 원본은 그가 감옥에서 역주 작업을 하면서 쓰레기통에 있던 종잇조각들을 밥풀로 이어 붙여 만든 것이기 때문이다. 이 이상한 지도와 그에 대한 설명을 마주한 독자들은 엄청난 역주 작업이 옥중에서 이루어진 것이었음을 새삼 깨닫게 된다.

정수일은 1934년 만주국 시기의 길림성에서 태어났고 베이징 대학 동방학부를 거쳐 중국 최초 국비 유학생으로 카이로 대학교에서 공부했으며 이후 외교관으로 활발하게 활동하다가 1963년 중국 측에 요청해 북한으로 귀화했다. 평양에서 아랍어과 교수로 재직하고 있던 그는 1974년 대남 사업에 차출되어 긴 훈련을 거쳐 무함마드 깐수라는 이름의 레바논 국적자로 1984년 한국에 들어왔고 단국대학교 사학과 박사과정에 입학하여 학위를 취득했다. 1994년 사학과 조교수로 임명되어 동서 교류사 강의와 집필 활동을 활발히 하던 중 1996년 국가보안법 위반으로 검거되었고, 사형이 구형되었으나 재판에서 12년형을 선고받았다.

그런데 그는 감옥에서도 손에서 펜을 놓지 않았다. 그는 "이순을 한참 넘긴 나이에 세상과 동떨어진 수감 생활을 장기간 해

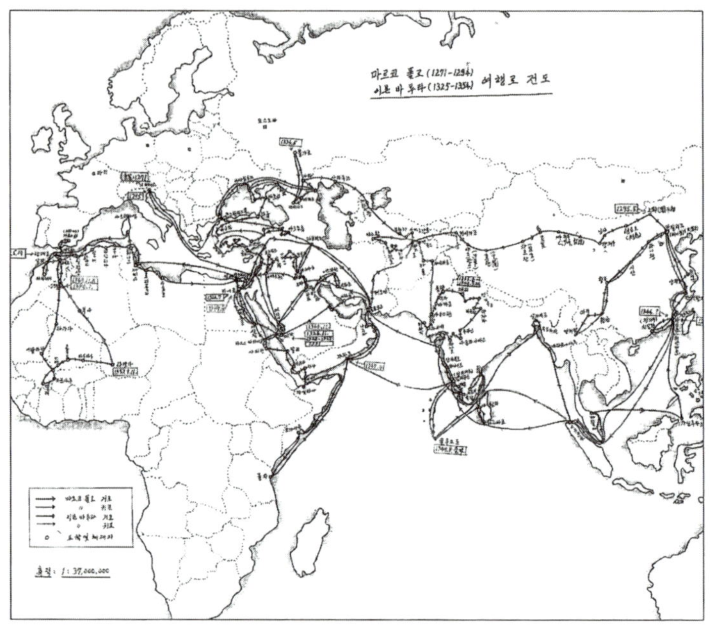

정수일이 감방에서 종잇조각들을 이어 붙여 그 위에 그린, 마르코 폴로와 이븐 바투타 여행로
전도.(출처: 창비 제공)

야 하는 극한 처지에 놓였지만 세월을 허망하게 소일할 수 없었
다. 일각을 천금으로 여기고 몇 갑절 분발해야 하는 것이 나에게
주어진 운명이고, 내가 치러야 할 응분의 몫이었다."*고 했다. 그
는 아내에게 책과 논문을 구해 줄 것을 계속 청했고 도서 반입 수
에 제한이 있는 것을 아쉬워했다. 감방에는 책상이 없으니 화장
실 양동이를 뒤집어 놓고 그 위에 종이를 올려놓고 쓰거나 두꺼
운 책을 임시로 쌓아 올려 그 앞에 쭈그리고 앉아 책상 대신으로
쓰면서 각종 통증에 시달렸다. 그런데 놀랍게도 어느 날 한 독지

---

* 정수일, 『시대인, 소명에 따르다』(아르테, 2022), 384쪽.

가가 작은 좌식 책상을 지원해 보내왔고, 그에게 이날은 영어 생활 중 가장 반가운 날이었다고 한다. 그는 교수 지위와 박사학위가 모두 박탈된 '고정간첩'의 몸으로 감옥에 무릎 꿇고 앉아 인물 1,483명, 지명 961곳이 등장하는 이 방대한 환대의 기록을 번역했다. 그의 말대로 감옥은 가히 "격폐된 학문의 산실"*이라고 할 만하며 이는 역사적으로도 그러했고 현대에도 일어나는 일이나, 한편 스스로 인정한 대로 사실 감옥은 "이승의 지옥"**이니 그 고통은 본인이 아니면 알기 어려운 일이다. 그는 약 5년 복역 후 감형을 받아 2000년 광복절 특사로 출소했으며, 『이븐 바투타 여행기』는 이듬해 창작과비평사에서 두 권으로 출간되어 세상에 나왔다.

　그가 2022년 출간한 『시대인, 소명에 따르다』라는 제목의 회고록은 학자로서의 소회보다 남북통일을 향한 그의 정치적 의지로 가득하다. 정수일의 학술적 성과를 아는 사람들은 그가 남파된 후에도 학문에 매진하느라 이른바 간첩으로서는 한 일이 별로 없다고 말하는데, 정작 본인은 애초에 조국에 대한 책임감 때문에 중국에서 북한으로 귀화했으며 남한에 파견된 후 본인에게 주어진 조국통일 임무를 열심히 수행했고 성과도 있었노라고 강하게 주장한 것은 아이러니하다. 본인에게는 한국 역사를 밝히는 것이 조국에 대한 소명을 다하는 일이었기 때문에, '정수일은 공부만 했다'는 타인의 주장과 '나는 조국을 위해 소명을 다했다'는 본인의 주장이 상충하는 것은 아닐 것이다. 특히 그는 신라 이래 한반도의 국가들이 실크로드 한쪽 끝에서 아랍 등 먼 나라들과 일찍부터 교

---

* 같은 책, 392쪽.
** 같은 책, 385쪽.

역하며 국제 무대에서 활약한 것을 밝히고자 애썼고 이것이 조국에 대한 그의 소명 의식과 밀접하게 닿아 있다고 할 수 있다.

동서 교류사, 특히 아랍어와 이슬람에 대한 지식에서 독보적인 학자였고, 전 세계적으로 엄두를 내지 못한 방대한 여행기를 "이승의 지옥"에 갇힌 몸으로 번역해 냈지만 그 자신은 회고록에서 자신이 평생 불급(不及)함, 즉 모자람을 걱정하며 초조히 살아왔다고 했다. 그리고 "이제 나는 그 '불급함'을 내일의 여명을 잉태한 낙조에 고이 묻고 미련 없이 훨훨 떠나련다."*라는 문장으로 회고록을 끝냈으며 회고록을 낸 지 3년 만에 생을 마감했다.

그가 훨훨 날아, 불급함 걱정 없이, 더 따뜻한 환대를 받는 곳에 이르렀기를 바란다. 서리북

---

* 같은 책, 559쪽.

최소영

중앙아시아사를 전공했다. 동국대학교 문화학술원 HK 연구교수이다. 저서와 논문으로 『보시, 티베트와 몽골을 잇다: 티베트 승려에 대한 몽골 황실의 보시 연구』, 「대칸의 스승: 팍빠('Phags pa, 八思巴, 1235-1280)와 그의 시대」, 「"기괴하지만 고명한 승려": 『열하일기』 중 「반선시말」 譯註」 등이 있다. 유목제국과 정주 세력들 간의 대립과 동맹, 교류의 역사를 연구하고 강의하고 있다.

📖 이븐 바투타의 여행기 내용을 여행, 음식과 접대, 성지와
성자, 기적과 경이 등의 주제별로 모아서 다시 정리한
책이다. 여행기 원문의 방대한 양과 한문체 번역 투가 어려운
사람은 이 책으로 줄거리의 맥락을 좀 더 쉽게 파악할 수 있을
것이다.

"이븐 바투타의 사생활과 관계된 여성들로 시작해 보면
부인은 10명이었던 것으로 언급되나 더 많았을 수도
있다. 그가 우리의 이해를 허락하는 한도에서 보자면,
그는 일부다처주의자보다는 연속적인 일부일처주의자에
가깝다." — 책 속에서

『이븐 바투타의 오디세이』
데이비드 웨인스 지음
이정명 옮김
산처럼, 2011

📖 이븐 바투타의 여행기가 다양한 지역의 무슬림 사회를
관찰하고 평가한 기록이라면, 이븐 할둔의 『역사서설』은
랍 민족의 삶, 국가, 종교를 문명론적 시각에서 분석한
저작이다. 이븐 할둔은 이븐 바투타보다 약 30년 뒤에
태어난 철학자로, 『역사서설』은 그의 역사서에 붙인
서론(muqaddimah)에 해당한다. 이 책은 도시 국가가
성립되면 주변의 전야민(田野民)이 이를 정복하고 새로운
왕조를 세우는 순환이 반복된다고 보았으며, 이러한 반복의
원인으로, 아랍어로 '아사비야('aṣabīyah)'라 불리는
집단 연대의식을 제시한 것으로 잘 알려져 있다. 그는
이븐 바투타의 여행기를 요약하고, 이를 믿지 않는 이들을
언급하면서, 감옥에서 자란 한 재상의 아들이 쥐만 보고 자라
세상의 모든 동물을 쥐로 인식했다는 일화를 통해 인식의
한계를 지적한다.

『역사서설』
이븐 할둔 지음
김호동 옮김
까치, 2003

"이 나라 사람들이 대체로 그를 거짓말쟁이로 생각하고 있기
때문에 나도 이븐 바투타가 하는 이야기를 믿지 못하겠다고
말했다. 그러나 재승 파리스는 내게 이렇게 말했다. '당신이
직접 눈으로 보지 못했다고 해서, 왕조들의 상황에 대한
그런 정보를 부정해 버리지 않도록 조심하시오. 당신이
그렇게 한다면 마치 감옥 안에서 자란 재상의 아들과 같이
될 것이오.'" — 책 속에서

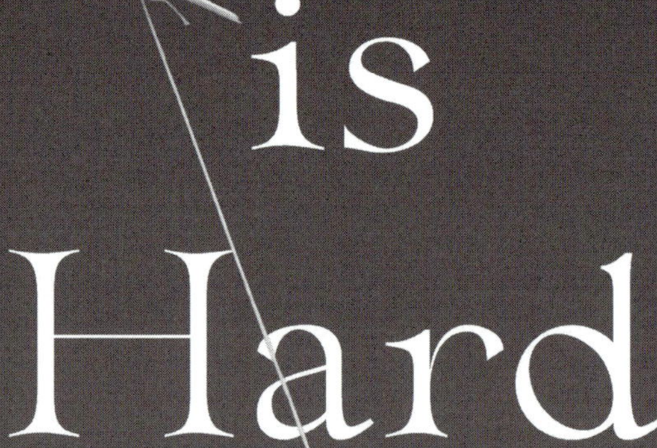

『라이프 이즈 하드』
키어런 세티야 지음, 연아람 옮김
민음사, 2024

이 책은 '인생 수업'이 아닙니다

송지우

철학자의 자기계발서

자기계발서의 시대에 철학서는 '인생 수업' 형식으로 재포장돼야 주목받고는 한다. 학계에 있는 철학자는 이러한 공정 끝에 대중서로 소비되는 '철학 책'에 무관심 혹은 가벼운 곤혹으로 반응하는 게 일반적이다. 물론, "도덕철학과 자조는 오랜 세월 밀접하게 관련되어 있었"(28쪽)지만,* 현대 학술 출판의 초전문화된 세계에 사는 이들에게 대형 서점 매대에 눕혀 있는 철학 대중서는 낯선 곳의 물체들이다.

하지만 매사추세츠공대(MIT) 철학과 교수인 키어런 세티야(Kieran Setiya)는 여느 학계 철학자와 다르다. 『라이프 이즈 하드』에서 세티야는 외로움, 상실, 실패, 질병, 희망과 의미의 부재 등 삶의 고충에 어떻게 대응해야 할지를, 즉 현대 철학 논문이 아닌 현대 자기계발서의 주제를, 철학자의 시각과 전문성으로 다룬다. 인터넷 서점 알라딘의 자기계발서 하위분류 가운데 '마음 챙김' 정도

---

* 자조(自嘲: 자기를 비웃음)가 아니라 자조(自助: 자기를 도움).

에 들어갈 만한 주제이다.

세티야는 분석철학 전공자이고 분석철학은 폭넓은 문헌 섭렵이나 방법론적 다양성보다는 논리학의 기법을 활용한 세밀한 논변 분석을 특징으로 한다.* 그렇지만 세티야는 분과 특성과는 별개로 광범위한 독서를 하는 것으로도 알려진 연구자이고,**『라이프 이즈 하드』는 아리스토텔레스에서 시몬 베유(Simone Weil)와 시몬 드 보부아르(Simone de Beauvoir), 존 롤스(John Rawls)에 이르기까지 다양한 철학자는 물론 아이리스 머독(Iris Murdoch)의 소설, 숱한 역사서와 사회과학 연구 결과를 활용한다. 그 내용을 평이하게 풀어내는 저자의 역량 역시 돋보인다. (이 책은 수년 전에 출간된 『어떡하죠, 마흔입니다(*Midlife: A Philosophical Guide*)』에 이은 세티야의 두 번째 대중서이다.)

흥미로운 건, 그런데도 이 책이 가장 빛나는 순간은 세티야가 자신의 전공을 살릴 때라는 점이다. 이는 곧 『라이프 이즈 하드』가 여느 '마음 챙김' 책의 쉬운 만족을 거부한다는 뜻이기도 하다. 세티야는 독자에게 "'슬픔을 극복하는 다섯 가지 방법'이나 '애쓰지 않아도 성공하는 법'"을 알려주지 않음은 물론, "어떤 죽은 철학자의 학설을 삶의 고난에 적용"해 주지도 않겠다고 선언한다.(28쪽) 그는 대신 질병, 외로움, 상실감, 실패, 부정의, 부조리, 그리고 희망(을 진정한 형태로 찾는 것의 어려움)을 차례로 다루며, 엄밀한 개념 구분,

---

* MIT 철학과가 배출한 저명한 윤리학자 프랜시스 캠(Frances Kamm)이 철학을 전공하게 된 계기를 참고하라. "데카르트의 『성찰』을 다루는 수업을 들었는데, 이 수업의 훌륭한 점은 한두 페이지만 읽고 내용을 몇 주씩 생각할 수 있다는 것이었다. 나는 역사와 문학에도 관심이 있었다. 예를 들어 '톨스토이와 도스토옙스키'라는 훌륭한 수업을 들었다. 하지만 읽을 게 너무 많았다. '『카라마조프의 형제』를 3일 안에 읽어!'라고 했다. 문제는, 나는 몇 페이지만 읽고 생각하고 싶었다는 것이다." Alexander Voorhoeve, "In Search of the Deep Structure of Morality: An Interview with Frances Kamm," *Imprints* vol. 9, no. 2(2006), pp. 93-117, pp. 95-96(글쓴이 번역).

** 그의 '책꽂이'을 보면 알 수 있다. https://ksetiya.blogspot.com/.

세티야는 행복하게 사는 방법을 알려주지 않는다. 다만, 삶에서 찾아오는 부정적인 경험을
논리적으로 논증하고 해부한다.(출처: Unsplash)

결론과 전제의 분리와 논증의 함의 파악, 우리의 상식적 사고에 내재하는 논리적 오류 지적을 통해 이 막막하고 혼란스러운 경험들을 냉철한 집도의처럼 능숙하게 해부한다. 1차 목적은 경험의 온전하고 정확한 이해, 요컨대 모든 철학자의 1차 목적이다. 세티야는 만성적 고통을 수반한 원인 불명의 질병, 유년의 외로움과 실연, 알츠하이머병을 겪는 어머니와의 관계 등 다양한 자전적 경험을 사례로 제시하지만, 자신의 경험에 빠져 있지는 않는다. 대신, 시종일관 건조하고 차분한 시각으로 1인칭 경험이 가져다주는 인식적 장점을 탐색한다. 유년 시절의 외로움을 아리스토텔레스의 우정론에 맞춰 보며 홀로 있음과 외로움의 차이, 외로움의 사회적 속성, 외로움과 우정의 관계를 고민하고, 나쁜 사람이 되어버린 친구와의 우정을 떠올리며 우정은 "덕을 조건으로 하는 능력주의"(118쪽)라고 생각한 아리스토텔레스에 저항한다. 스스로 실패한 경험을

발판 삼아 어떤 목적의 미달성을 '실패'로 이해하는 것은 삶을 단일한 내러티브로 규정할 때에야 자연스럽다는 점을 드러내고, 상실을 느낄 이유는 그대로인데 상실감은 시간이 지나며 희석된다는 사실로부터 상실은 감정의 상태가 아닌 감정의 과정이라는 함의를 끌어낸다.

사는 건 힘들다

분석철학적 고찰을 통해 세티야가 번번이 드러내는 것은, 사는 건 피할 수 없이 힘들다는 점이다. 세티야는 이 점을 주목하고 천착하는 것이 필요하다고 보며, 아리스토텔레스에서 롤스에 이르기까지, 이상적인 삶과 이상 사회의 상을 그리는 데 집중한 철학 이론을 아쉬워한다. 세티야에게 아리스토텔레스의 이상적 삶이나 롤스의 이상 사회는 우리 대부분의 삶에 도움이 되기에는 너무 먼 이야기이다. 이런 시각이 특히 롤스의 이상 사회론을 둘러싼 (엄청난 양의) 철학 논쟁을 너무 가볍게 우회하는 감이 없지 않지만, 삶의 비이상적인 면면을 온전히 파악하려는 노력은 반갑다. 특히 반가운 것은, 그 불가피성의 건조한 인정이다. 지금 세상은 엉망진창이고, 전 세계적으로 민주주의가 위협받고 권위주의는 부활하며 불평등은 깊어지고 지구는 돌이킬 수 없이 파괴되어 가고 있지만, 그럴수록 반짝이는 돌파구를 약속하는 이들은 늘기만 한다. 진정한 행복에 이르는 어떤 비법을 확신하는 자기계발서, (뭔가 분기별로 갱신되는 듯한) 무병장수를 보장할 결정적 건강식품, 모든 문제의 원흉인 듯한 어떤 나쁜 세력(주로 상대 정당)을 '처단'하여 마침내 국가와 민족의 유토피아를 실현하겠노라 다짐하는 정치인에 이르기까지, 분명 몇 달만 지나면 공허해질 기약은 끊이지 않고, 사람들은 그 약속에 끊임없이 넘어간다(혹은 그것을 끊임없이 소비한다).

인간은 희망하는 동물이므로 그럴 수밖에 없다고 할 사람도 있겠으나, 이는 희망 역시 잘하거나 잘못할 수 있는 활동이고 인간은 잘못 희망하는 경향이 있다는 점을 외면한 반쪽짜리 항변이다. "문제는 희망하느냐 마느냐가 아니라 무엇을 희망해야 하느냐"이며, "그 답은 이상적인 삶이 아니다. 우리에게 필요한 것은 우리에게 주어진 삶을 인정하고 주의 깊게 해석하는 것이다."(346쪽) '주의 깊게 해석'은 세밀한 정독을 뜻하는 영어 표현 'close reading'의 번역이다. 세티야는 철학자가 난해한 텍스트를 천천히 읽어 가듯, 사는 걸 힘들게 하는 경험들을 되도록 정밀하고 풍부하게 이해하고자 노력한다. 사는 게 힘들다는 걸 그렇게 잘 이해해서 뭐 하겠냐고 물을 수 있겠으나, 행복한 삶과 잘 사는 삶을 구분하는 세티야에게 현실의 이해는 필수적이다. 행복하게 사는 것도 좋지만, 세티야에게 철학적 자조의 궁극적 목적은 잘 사는 것이다. 현실과 괴리되어 망상에 빠진 사람도 감각적 의미에서는 행복할 수 있지만, 망상의 삶을 잘 사는 삶이라고 할 수는 없다. 잘 산다는 것은 나의 현실에 닿아 있는 삶이고, 나의 현실에서 잘 살기 위해서는 그 현실을 제대로 알아야 한다.

사는 건 힘들지만, 철학은 도움이 된다

그리고 현실의 정독은 결국 여러모로 유익하다는 게 세티야의 지론이다. 철학적 고찰의 1차 목적이 온전하고 정확한 이해라면, 그 열매는 좀 더 합당한 행동의 가능성이다. 핵심은 가진 논거만큼만 믿고 주장해야 한다는 철학—사실 합리적 사고—의 규칙이다. 이 규칙은 우리가 우리의 삶 그리고 다른 사람을 평가할 때, 그리고 행동을 선택할 때 '오버'하는 걸 방지해 준다. 가령 장애를 대하는 우리의 태도를 생각해 보자. 장애는 분명 어떤 면에서 삶을 제약한다. 각박하고 치열한 세상에서 우리는 가끔, 이 사실을 무심하게 과장하는 이들을 만난다. 예컨대 장애가 생겨서 "OO을 못하게 된다면 사는 게 의미 없을 것이다"라는 식의 극단적 결론을 쉽게 내려버리는 사람들 말이다. 그 OO은 무척 가치 있는 활동일 수 있다. 하지만 대부분 삶에는 하나의, 심지어 소수의 가치 있는 활동만이 있는 게 아니다. 나아가, 가치 있는 모든 활동을 모두 경험하면서 살 수 있는 사람도 없다.

이 사실들의 함의를 곰곰이 생각해 보면, 우리는 장애의 경험을 더 온전히 이해할 수 있다. "장애는 우리가 소중한 일을 행할 수 없게 만들므로 어떤 면에서는 유해"하지만, "어차피 소중한 일을 무엇이든 할 수 있고 할 여유가 있는 사람은 아무도 없다"는 점을 환기하면, "여러 가지 좋은 것들에서 소외된다고 해서 크게 문제 될 것은 없"고 "대부분의 장애에는 대다수 사람들의 삶보다 결코 나쁘지 않은, 때로는 더 나은 삶의 가치가 충분히 남아 있다"(60쪽)는 점도 인지하게 된다. 이렇듯 차분한 논증을 통해 근거 없는 극단을 지양하는 것은, 스스로 장애를 마주할 때도, 타인의 장애를 대하는 데 있어서도 유용하다.

현상의 면면을 정확히 파악하면, 사는 게 힘든데도 마냥 좌절하지 않을 이유들을 찾을 수 있다. 예를 들어 영화나 소설에서는 모든 삶이 단일한 선형의 서사를 그리는 듯 보이지만, 실제 사람의 삶은 그러하지 않다. 삶을 사는 우리는 하나의 서사로 묶이지 않는 여러 가지 일을 하고 겪는다(그래서 여운이 있는 영화나 소설을 보고 나면 우리는 보이지 않은 '번외' 에피소드들을 궁금해하는지 모른다). 세티야는 우리가 이 점을 간과하기 때문에 삶의 이런저런 실패를 과장해서 받아들이고는 한다고 지적한다. "한 인간의 삶을 도달할 수도 있고 도달하지 못할 수도 있는 절정을 향해 가는"(199쪽) 서사의 호(弧, narrative arc)

로 보면, 절정에 이르지 못한 삶은 다른 무엇을 담고 있든 상관없이 실패한 삶이고, "우리가 우리 삶을 단 하나의 계획"의 실현을 좇는 서사로 정의하면, 계획 실현 여부가 "우리를 정의하게 될 것이다."(204쪽) 하지만 실제 우리의 삶은 어떻게든 하나의 서사로 묶일 수 없는 숱한 경험과 관계로 이루어져 있다. "삶에 엄청나게 많은 사건이 있다는 사실을 인식할수록, 삶이 아주 작고 다양한 성공과 실패로 이루어졌음을 깨달을 뿐만 아니라, 자포자기하여 '나는 패배자야'라고 말하거나 터무니없는 허세를 떨며 '나는 승리자야!'라고 말하지 않게 된다."(205-206쪽) 이러한 태도가 '정신 승리'가 아닌 것은, 삶을 단일한 서사로 보는 시각보다는 하나로 묶일 수 없는 사건들의 집합으로 보는 시각이 현실에 부합하기 때문이다.

사는 건 힘들지만, 정의 추구는 도움이 된다

물론, 사는 게 힘든 세상에서 현실 정독은 상당한 심리적 위험을 수반한다. 고생스러운데 영화나 소설의 기승전결도, 어떤 궁극의 완성과 그에 따른 만족도 부재하는 삶을 견디다 보면 우리는 뭔가 깊은 부질 없음에 질식하지 않을까? 사는 게 이렇게 힘든데, 좋은 사람이 되고 옳은 일을 하라는 익숙한 명령들은 무슨 의미가 있을까? 좀처럼 구체적인 조언을 하지 않는 세티야가 가장 선명하게 목소리를 높이는 지점이 바로 여기이다. 삶이 부조리(absurd)하므로 정의롭게 살려는 노력이 의미 없는 게 아니라, 삶을 의미 있게 하려면 정의롭게 살아야 한다는 것이다. (오랫동안 사람들은 정의 대신 종교에 의지함으로써 삶의 의미를 찾았지만, 세티야가 지적하듯이 공동체 단위의 종교가 지배하던 시절에는 애당초 삶의 의미를 묻거나 궁금해할 이유가 없었다. '삶의 의미(life of meaning)'라는 표현이 1834년에 처음 쓰인 '근대어'인 데에는 이런 이유도 있다.(301-303쪽))

인류의 멸종을 상상할 때, 우리는 상실의 슬픔을 느낄 이유가 있을까? 그러하다면, 지금 인류의 존재에 가치가 있을 것이라고 세티야는 제안한다. 멸종의 시점에 인류가 어떤 역사를 쌓아 왔는지에 따라 마지막을 맞이하는 우리의 모습은 다를까? 세티야의 판단으로는 이 역시 그러하다. "인간의 나약함이 지닌 한계 안에서 가장 정의에 근접한 사회, 유토피아는 아니지만 인간이 이룰 수 있는 최선의 사회"를 실현한 채 멸종을 맞는 인류는, 세티야에 따르면, "창의력, 연대, 연민의 마음으로" "서로를 돌보고, 예술과 우정을 나누며" "기품 있게 최후를 맞이할 것이다."(321쪽) 반면 "끔찍한 결말은 간헐적인 진보와 함께 편견, 노예제, 여성 혐오, 식민주의적 폭력, 전쟁, 압제, 불평등으로 점철된 인간 역사가 인간의 잠재력이 온전히 실현되기에는 너무나 요원한 채 막을 내리는 것이다."(322쪽)

이렇게 생각하면, "정의는 정의 그 자체뿐 아니라 부조리의 해결책으로서도 중요하다."(322쪽) 그런데 정의 추구가 가령 아름다움이나 신체적 탁월함의 온전한 실현 추구보다 우선되어야 할 이유는 있는가? 멸망의 순간에 록 음악이 1990년대 중반의 날 선 신선함을 되찾지 못한 채 소멸한다거나, 힙합이 1980년대와 2010년대의 다양성과 실험성을 넘어서지 못하고 지리멸렬한 유행들로만 연명하고 있다면, 이 역시 "끔찍한 결말" 아닌가? 정의 추구의 중요성은 세티야가 흔치 않게 강하고 분명하게 주장하는 바이지만, 논증은 의외로 간략하다. 다만 세속적 정의 추구가 과거 종교의 역할을 대신할 수 있다는 제안은 흥미롭다. 세티야는 종교가 단지 죽음의 위로가 아니라, "이 세상에 만연한 불의 때문에 인간은 형이상학적 해결책을 절실히 필요로 한다"(323쪽)는 사실에 대응한 결과라고 본다. 내세의 약속은 또한 "인간의 죽을 운명 때문에 좌절

세티야가 말하는 인간이 이룰 수 있는 최선의 사회는 창의력, 연대, 연민의 마음으로 서로를 돌보고 예술과 우정을 나누는 사회다.(출처: Unsplash)

되는 정의 실현의 가능성을 여는 것이다."(324쪽) 역시 형이상학적 이유로 내세를 믿지 않는 사람들에게 이 역할을 대신할 수 있는 건 세대를 거쳐 누적되는 정의 추구이다.

　　최근 국내외로 종교의 사회윤리를 전면에 내세우는 정치 운동이 퍼지고 있다. 한국의 정치 집회에 목사가 주인공으로 나서는 것은 익숙한 풍경이 되었고, 미국에는 미국의 정체성을 '백인 기독교 민족'으로 규정하는 보수 운동이 확산하고 있다. 세계 곳곳에서 종교는 권위주의와 포퓰리스트 정권의 집권과 유지에도 힘을 보태고 있다. 늘 그런 건 아니지만, 지금 종교적 정치 운동의 사회윤리는 세티야가 상상하는 "끔찍한 결말"의 면면을 오히려 지향점으로 삼기도 한다. 하지만 이 운동에 참여하는 이들 모두가 운동을 권력 쟁취 활동으로만 보지는 않을 것이다. 스스로 정의 추구에 힘쓰고 있다고 믿는 이들, 기실 삶의 의미를 찾아 운동에 뛰어든 이들 역시 분명 있을 것이다. 그렇다면, 정의 자체를 위해서도, 허무주의에 맞서기 위해서도 정의를 추구해야 한다는 세티야의 주장을 따르는 일은 한층 복잡해진다. 세티야는 인류가 극복해야 할 불의가 무엇인지에 독자들이 넓게 동의한다고 전제하는 듯하다. 하지만 실천은 바로 그 지점부터, 즉 정의와 불의의 내용을 식별하는 데서부터 시작해야 할지 모른다. 쉽지 않은 일이다. 그러나 세티야가 말하듯이, 사는 건 힘들다.

위로는 어떻게 얻는가? 무엇을 남기는가?

번역본의 출판사가 붙인 부제에 따르면, 『라이프 이즈 하드』는 "누구도 피할 수 없는 인생의 시련들에 대한 철학의 위로"를 제공한다. 위로하는 것과 위로가 되는 것은 다르다. 철학이 널리 위로가 될 수 있다면, 가령 나처럼 대학에서 학생들에게 철학 강의를 하는 사람에게는 반가운 소식일지 모르겠다. "피할 수 없는 인생의 시련들"을 처음 겪는 이들이 고민을 전해 올 때 뭔가 도움이 될 수 있지 않겠는가?

내가 아리스토텔레스는 아니지만, 생각할수록 내 반가움은 절제된다. 첫째로, 세티야의 따뜻한 시각과 성실한 노력에도 불구하고, 이 책이 얼마나 많은 사람에게 위로가 될지는 모르겠다. 나는 『라이프 이즈 하드』를 즐겁게 읽었고, 스스로 혹은 친구나 학생이 전해 오는 삶의 시련들에 세티야와 비슷하게 반응한다. 그처럼 폭넓은 인문사회 지식을 동원하지는 못하지만, 현상을 최대한 정확하고 온전하게 파악하려 하고, 이러한 노력만으로도 상당한 '마음챙김'을 경험한다. 나름대로 성실히 파악한 현실에서 내가 알기로 가장 합당한 함의를 도출하고 그에 기반해 행동할 때 나는 (늘 행복한 건 아니지만) 나름대로 '잘 살고 있다'고 믿는다.

　그런데 이런 작업은 사실 사는 것 전반과 마찬가지로 힘든 일이다. 현실을 정확히 파악하는 건 꽤 오래 정처 없는 기분으로 지내야 하는 일이고, 마침내 시야가 선명해졌을 때 보이는 건 답답하거나 불쾌하기 십상이다. 이 사실을 두고 세티야는 타협하지 않는다. 인생에 단일한 서사의 호가 없듯이, 350여 페이지에 이르는 세티야의 책 또한 다양한 삶의 시련을 구석구석 들여다보되 말끔한 결말에 이르는 선형성은 없다. 세티야는 이 책이 '슬픔을 극복하는 다섯 가지 방법'보다 유익한 자조의 길을 보여 주리라 기대하지만, 끝까지 읽힐 확률은 후자와 같은 책이 높아 보인다.

　하지만 둘째로, 좀 더 생각해 보면 애초에 세티야든, 혹은 누구든, 타인이 조언의 형태로 주는 위로는 한계가 분명하지 않은가? 위로, 즉 괴로움이나 슬픔의 절감, 어떤 상실이나 실망의 상황에서 맞이하는 편안함으로서의 위로를 타인에게 얻는 게 불가능한 건 당연히 아니다. 가령 운이 좋은 사람의 삶에는 존재만으로 위로가 되는 사람이 있을 수 있다. 하지만 세상이 어떠하다는 설득력 있는 진단, 세상을 어떻게 살아야 한다는 현명한 조언을 누군가에게 전해 듣는 순간의 위로는 오래가지 못한다. 들은 바를 행동으로 옮기지 않으면, 괴로움과 슬픔의 절감, 편안함은 그때뿐이다. 이런 면에서 세티야의 책은, 많은 사람의 변하지 않아버린 일상 어느 책장에서 먼지를 모으고 있을 숱한 베스트셀러 자기계발서와 다르지 않다.

　그렇더라도, 삶의 시련을 고민하는 이들에게 여느 자기계발서보다는 세티야의 책을 권한다. 잘 사는 것은 행복한 것과 다르고 그에 우선하며, 현실을 정독하지 않고서는 잘 살 수 없다는 세티야의 관점을 따라가며 삶을 고민하는 경험은, 결정적 성공을 약속하는 이들의 책을 읽는 것보다는 유익하리라 믿는다. (게다가 후자의 내용은 소셜미디어 포스팅으로 봐도 무방하지 않은가?) 다만 번역본의 제목 선택에는 의문을 표하지 않을 수 없다. 영어권에서 영 문장 "Life is hard"는 직관적이지만, 이 표현이 한국인들 사이에 널리 쓰이는 외래어가 아니고 자연스러운 한국어 번역이 어렵지도 않은데, 어색함을 무릅쓰고 영어를 보존하는 이유는 무엇인가? 왓 이즈 고잉 온?

서리북

송지우

본지 편집위원. 정치철학, 법철학, 인권학의 교집합에 있는 문제를 주로 연구한다.

📖 고전학을 전공했지만, 한참 철학을 연구하다 어느 순간 소설가가 되어 전체적으로 어떤 방향성 있는 작품 세계를 형성하지 못한 소설을 스물여섯 권이나 쓴 머독은, 단일한 서사를 그리지 않고도 잘 산 인생을 보낸 인물의 예시이자 현상에 온전히 집중하는 것의 중요성을 보여 주는 사상가로 세티야의 책에 등장한다. 방향성 없는 그의 작품 세계에서 세티야가 최고로 꼽는 작품은 첫 소설인 『그물을 헤치고』이다.

"애너는 새로이 습득해야 할 존재였다. 대체 우리는 언제나 인간을 알게 될 것인가? 앎이 불가능하다는 것을 깨닫고 알려는 욕망을 버리고 마침내는 그 필요조차 느끼지 않게 될 때 아마 그때에야 비로소 가능한 것이리라. 그러나 그때 성취한 것은 이미 앎이 아니다. 일종의 공존에 지나지 않는다. 그리고 또 가장한 사랑에 지나지 않은 것이다." — 책 속에서

『그물을 헤치고』
아이리스 머독 지음
유종호 옮김
민음사, 2008

📖 시몬 베유는 세티야의 책에서 머독과 함께 주의(attention)의 중요성을 강조한 철학자로, 부정의한 세상에서 남다르게 순수한 삶을 산 사례로, 그리고 이런 세상에서 행복하게 사는 것과 잘 사는 것의 차이를 보여주는 인물로 등장한다.

"실제로 신의 자비가 빛을 발하는 건 바로 그 불행 안에서입니다. 그 맨 밑바닥에서, 위로받을 길 없는 쓰라림 한복판에서입니다. 우리가 사랑 속에서 인내하며, 영혼이 '나의 하느님, 왜 나를 버리셨나요?'라는 외침을 더는 억누를 수 없는 지점까지 추락한다면, 그리고 이 지점에 이르러서도 계속 사랑하기를 멈추지 않는다면, 마침내 우리는 더 이상 불행도 기쁨도 아닌 무언가에 닿게 됩니다. 기쁨과 고통의 공통 요소로서, 감지되지 않는 무엇이며 순수하고도 핵심적인 본질, 바로 신의 사랑이지요." — 책 속에서

『신을 기다리며』
시몬 베유 지음
이창실 옮김
복있는사람, 2025

유운성 지음

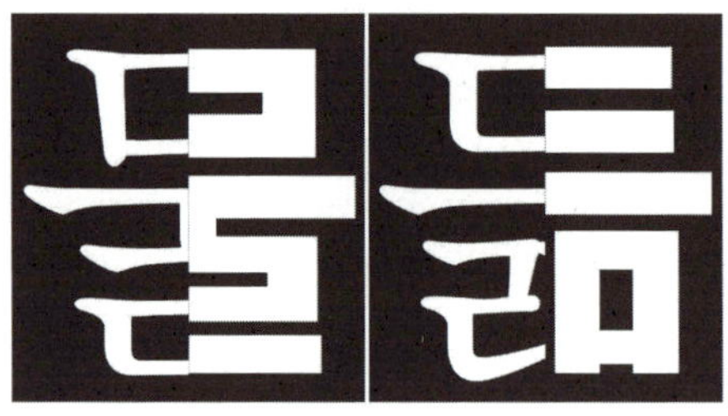

상호감염의 미학

『물듦』
유운성 지음
미디어버스, 2025

감염의 비평:
『물듦』이 사유하는 예술의 조건들

백종관

책상 위에 놓인 책의 표지를 한참 동안 가만히 바라보고 있었다. 표지에 있는 언어 기호들을 위에서부터 아래로, 눈으로 읽어 본다. '유운성 지음', '물듦', '상호감염의 미학'. 가운데에 커다란 글씨로 책의 제목인 '물듦'이 쓰여 있고 그 위로는 저자인 유운성 비평가의 이름이, 아래로는 책의 부제인 '상호감염의 미학'이 적혀 있다. 저자의 이름과 책의 부제는 각각 다른 글씨체로 적혀 있다. 그리고 가운데에 있는 책의 제목은 그 서로 다른 두 개의 글씨체가 반반씩 섞여 디자인되어 있다. 두 개의 글씨체가 '물듦'이라는 두 글자를 각각 좌우로 나누어 제 형상을 갖추고 있는 덕분에 '물'과 '듦'을 이루고 있는 자음들의 형태적 유비가 더 도드라진다. 두 개의 검은 정사각형 내부에서 그 사각형의 외부를 채우고 있는 색상으로 구성된, 열리고 닫히는 형상들의 접경을 응시하며 과연 '물듦', 감염의 어떤 한 형태, 감염 과정의 한 단면을 관찰하고 있는 것이 아닐까 하는 생각이 스쳤다. 책을 다 읽고 나서 책을 덮고, 표지를 가만히 바라보면서 부지불식간에 이렇게 다시 책 속으로 빠져든다.

    물론 이 글은 디자인 비평이 아니라 분명 서평을 목적으로 한다. 그럼에도 책의 '외부'를 먼저 이야기하는 것은 이 책을 하나의 디스플레이로서 가정해 보고 싶었기 때문이다. 책의 본문이라 할 수 있는 「자유간접화법의 예술과 상호감염의 미학」의 마지막 조각, 「AI 시대의 반(反)영화」에서 저자는 디스플레이["스마트폰과 같은 기기에서 이미지를 출력하는 저 사각의 평면"(79쪽)]를 '장소'로 여길 수 있을지 질문을 던진다. 왜 갑자기 디스플레이의 장소성이 문제 되는가? 이 질문은 저자가 AI 시대의 영화적 조건 속에서 피에르 파올로 파졸리니의 자유간접화법적 주체성이 유효할 수 있는지를 검토하는 과정에서 발생한다. 디스플레이는 '영화가 보이는 장소'이면서 동시에 '영화에 보이는 장소'다. 이런 이중적 장소성은 영화관과 유사한 점이 있지만, 결정적으로는 오늘날의 영화들이 아직 포착하지 못하고 있는 디스플레이 특유의 경험, 즉 응시의 역방향성과 그 기술적 조건에 기반한 장소 감각을 포함한다. 그 지점에서 예외적으로 작동하는 영화로 〈소리굴다리〉를 소개하며, 저자는 영화 자체가 블랙박스 내부의 데이터-사건들을 시청각적 인터페이스를 통해 출력해 내는 일종의 디스플레이로 기능할 수 있음을 설명한다. 『물듦』 역시 책의 외부와 내부에서 작동하는 언어적·이론적 실천들을 흥미로운 방식으로 표면에 출력하는 디스플레이로 작동하는 것은 아닐까. 『물듦』은 외부와 내부, 형식과 내용, 이미지와 이론이 서로를 감염시키는 장으로서, 하나의 잠정적 '디스플레이'이자 '접속면'이다.

　『물듦』의 본문인 「자유간접화법의 예술과 상호감염의 미학」은 자유간접화법이라는 개념을 문체론적·문법적 정의로 환원하지 않으려는 노력에서 출발한다. 파졸리니의 시론을 중심으로 삼되, 발렌틴 볼로쉬노프의 저작 『마르크스주의와 언어철학』에서의 인용을 거쳐 문학과 미술과 영화에 이르는 자유간접화법의 활용을

클로드 샤브롤의 영화 〈의식〉에서 를리에브르 가족이 식사하는 장면. 샤브롤은 이 장면을 통해
를리에브르 가족의 계급에 대한 논평적 차원을 활성화 한다. (출처: 미디어버스 제공)

탐색하는 이 글에서 저자는 일관되게 한 가지 질문을 반복한다. 그
것은 자유간접화법이 단순한 서술 기법이 아니라 (파졸리니의 표현을
빌리자면) 다른 생명 경험을 다시 살아 내는 문체적 조건으로 작동할
수 있는가 하는 물음이다. 이는 작가가 인물의 '말'을 단순히 대리
하는 것이 아니라, 그 인물의 언어적 감각과 사회적 조건, 이데올로
기적 지형까지도 '되살리는' 문체적 사건으로서 자유간접화법을

사유할 수 있는가의 문제다. 저자에게 이 물음은 곧 예술가의 태도, 그리고 동시대 예술 실천의 윤리적 조건에 대한 물음으로 확장된다. 예컨대 파졸리니의 분석에서 자유간접화법은 작가의 계급적 무의식을 드러내는 형식이기도 하다. 그런 점에서 자유간접화법은 언제나 위험한 형식이며, 그것이 성립하기 위해서는 미학적 전제 이전에 사회적 감각, 감염의 조건이 선행되어야 한다. 저자가 말하는 '상호감염의 미학'이란 결국, 예술이 타자의 언어로 말할 수 있기 위한 가능성과 그 윤리적 전제에 대한 물음이기도 하다.

　　이러한 이론적 사유는 책의 중반 이후로 갈수록 점점 더 구체적인 예술적 실천의 문제로 이행한다. 특히 저자는 자유간접화법을 오늘날의 큐레토리얼 실천이나 전시 공간 구성의 원리로까지 확장해서 사유하고자 한다. 이를테면 통속적인 기획하에 특정 작품이나 개별 작가의 목소리로 스펙터클을 과적하는 방식이 아니라, 서로 다른 목소리들 사이의 감염 가능성, 비인칭적 주체성의 잠정적 구성 조건을 만들어 내는 공간의 구성 방식으로서 전시를 상상해 보는 것이다. 그러한 전시를 기획하는 큐레이터라면 자신에게 낯설거나 익숙지 않은 것들, 때로는 기획 의도와 상반되는 것들조차 배치하는 실험을 감행하여 타자의 언어를 자신의 언어로 다시 살아 내는 위험한 되살림의 실천을 수행할 것이다. 그 되살림은 동일화가 아니라 차이의 감각, 간극의 유지, 즉 자유간접화법적 긴장의 유지로부터 가능해진다. 이런 점에서 자유간접화법은 더 이상 문학 혹은 영화라는 특정 매체에만 속하는 것이 아니라, 오히려 오늘날의 예술 실천 전반을 사유할 수 있는 하나의 '주체 형식'이자 윤리적 조건으로 제안된다. 『물듦』은 바로 그 점에서 예술 비평서이자 하나의 실천적 제언처럼 읽히기도 한다.

　　앞서 언급했던 『물듦』의 마지막 부분 「AI 시대의 반(反)영화」

는 이러한 이론적 탐색의 연장선이자 전환점이다. 저자는 여기서 파졸리니가 오래전에 지적한 통찰, 특히 '기술적 삼투의 신화'를 호출한다. 파졸리니는 당대 아방가르드 예술이 미래의 언어를 예감하고 미메시스한다고 자처하면서도, 오히려 과거와 현재의 언어를 전면적으로 부정함으로써 역사성을 상실하고 비역사적인 환상에 빠질 위험이 있다고 보았다. 이는 단순히 예술적 오류나 전략의 문제가 아니라, 사회 전반에서 점점 더 지배적인 위치를 차지하고 있는 기술적 언어—AI나 디지털 플랫폼의 용어들처럼—자체가 우리의 삶과 언어를 삼투하듯 침식해 들어오는 현실을 가리킨다. 파졸리니는 이렇듯 기술 언어가 모든 인간 언어를 삼켜버리는 공장과도 같은 현실, 그리고 이 공장에서 일어나는 '모방의 불가능성'을 경고했다. 저자는 오늘날의 디스플레이가 그러한 '확장된 공장'에 대응하는 장소가 될 수 있을지를 묻는다. 파졸리니에게 공장이 단지 산업적 건축물이 아니라 삶의 은유가 되었듯이, 『물듦』은 디스플레이를 오늘날의 사회적 장소로 사유하고자 한다. 디스플레이는 단지 이미지를 출력하는 평면이 아니라 사회적 삶이 전개되는 새로운 장소일 수 있으며, 이러한 디스플레이를 전혀 뜻밖의 방식으로 배회하는 작품은 새로운 시청각적 감각과 자유간접화법의 미학적 가능성을 탐색할 수 있다는 것이다. 저자는 이처럼 자유간접화법의 고전적 논의들을 동시대의 감각 조건 속에서 재배열하며, 이미지와 언어, 주체성과 장소성에 대한 고찰까지 이끌어낸다.

　　책에 부록으로 실려 있는 글과 영상(!)은 책 전체의 문제의식을 낯선 어휘와 시선으로 다시 조율해 보는 실험처럼 느껴진다. 아카이브를 다루는 첫 번째 글의 경우 본문에서 파졸리니를 통해 제기된 '자유간접화법'이나 '감염의 미학'이라는 개념이 직접적으

페터 쿠벨카의 영화 〈우리의 아프리카 여행〉의 탈몽타주적 장면.
저자는 직접화법의 영화는 몽타주에 대한 완전히 다른 접근을
요구한다고 말하며, 이를 탈몽타주라고 명명한다.
(출처: 미디어버스 제공)

로 호출되지 않지만, 그 사유의 방향은 명확히 이어진다. 저자는 오늘날 예술이 점점 더 박식의 충동에 이끌리며 아카이브를 지식의 색인으로 환원하고, 판단 대신 정보의 집합으로 예술을 취급하는 경향에 의문을 던진다. 링크가 내러티브를 대체하고, 자기 기술이 픽션을 대체하며, 예술이 감정가의 영역으로 밀려난 시대에, 우리는 어떤 예술을, 어떤 감각을 회복할 수 있을까? 저자가 제안하는 것은 "블랙박스로서의 예술"(110쪽)이다. 이쯤에서는 본문에서 언급된 피터 쿠벨카의 계측적 방법론과 탈몽타주의 실천이 다시 떠오르기도 한다. 블랙박스로서의 예술은 그럴듯하고 화려한 신세계를 전시하는 '설명할 수 없음'의 신비가 아니라, 의도도 감정도 제거된 조건의 엄격함 속에서 다시 감각될 수 있는 방식들을 탐색하는 일에서부터 가능한 것이다. 그 탐색의 장소는 물론 오늘날의 전시장, 디스플레이, 다르게 출력되는 아카이브일 수 있다. 『물듦』은 이와 같은 복합적 사유의 접속면 위에 잠정적으로 구축된 비평적 실천이자, 여전히 가능성으로 열려 있는 감염의 미학이다.

　『물듦』은 우리에게 어떤 확고한 이론이나 완성된 형식을 제시하지 않는다. 오히려 모든 장마다, 모든 문단마다 누군가의 말에 물들어 가는 한 비평가의 몸짓, 그 조심스럽고 감각적인 접촉의 윤리를 보여 준다. 이는 파졸리니가 「자유간접화법론」이라는 글을 시작하며(그리고 페사로 영화제에서 그 글을 직접 읽으며) 자신의 글이 "책 여백에 적는 메모와 여담들의 집합"에 가깝다고 밝혔던 내용을 떠올리게 한다. 『물듦』 또한 하나의 거대하고 통일된 담론이 아니라, 메모의 조각들, 감염된 단상들의 배열로 이루어졌다. 만약 그로 인해 생길 수 있는 약간의 충돌들이 존재한다면, 그조차도 이 책의 사유가 살아 있다는 증거가 아닐까. 책장을 덮고 다시 표지를 바라보는 순간, 이 책이 다만 읽히는 대상이 아니라, 감염되고 다시 살아 내야 할 하나의 장(場)임을 직감한다. 이 느리고 조용한 책이 지금 우리에게 말을 거는 방식, 그것이야말로 자유간접화법의 형식으로 떠오른다. 서리북

백종관
영화감독, 시각예술가. 〈시련과 입문(2025), 〈그들은 우리의 응시에 응답한다〉(2021 댄스카메라웨스트 최우수다큐상), 〈추방자들〉(2018), 〈순환하는 밤〉(2016 전주국제영화제 감독상) 등의 영화를 연출했고, 《모든 섬은 산이다》(몰타기사단 수도원, 베니스, 2024), 《젊은 모색 2023: 미술관을 위한 주석》(국립현대미술관 과천, 2023) 등의 전시에 참여했다. 연세대 커뮤니케이션대학원 객원교수.

📖 파졸리니의 자유간접화법에 대한 전반적인 논의를
확인할 수 있는 책이다. 한양대 김호영 교수가 '영화
이미지'에 대한 본질과 특성을 추적해 가며 이미지-사유의
계보학을 구성했다. 파졸리니를 포함하여 영화 이미지에
대해 혁신적인 사고를 보여 준 주요 작가, 학자들의 논의가
이미지를 근원적으로 규정할 수 있는 몇 가지 개념별로
정리되어 있다.

"영화는 '행위들로 쓰인 언어'이자 세계의 '시각적 존재들에
바탕을 두는 언어'이며, 다시 말해 '현실로 쓰인 언어' 혹은
현실이라는 '말'을 기록한 '글'을 가리킨다. 이 때문에
파졸리니는 영화의 발명이 문자의 발명과 마찬가지로
대단히 혁명적인 것이라 강조한다. 문자의 발명이 우리에게
말이 무엇인지 드러내 주고 인류로 하여금 말에 대한 의식을
갖게 해준 것처럼, 영화의 발명은 우리에게 현실이 무엇인지
드러내 주고 인류로 하여금 현실에 대한 의식을 갖게
해주었기 때문이다." ― 책 속에서

『영화이미지학』
김호영 지음
문학동네, 2014

📖 조르주 디디-위베르만이 파졸리니의 영화 〈분노〉와
광산 사고 이미지를 통해 감지되지 않는 파국의 징후를 읽어
내려는 시적 사유를 담은 책이다. 무색무취한 석탄 가스를
미래의 파국에 대한 징후 이미지로 비유하며, 이미지를 통해
과거와 현재, 미래를 다시 사유하고 기억하는 역사가의
역할을 묻는다. 시적 분노와 몽타주를 통해 '보이지 않던'
세계를 출현시키는 이미지의 힘을 강조한다.

"파졸리니가 보기에 '이데올로기적 해독'이 시적 권능,
영화 뉴스의 합의적 이미지가 명백하게 보여 주는 것들
전체 안에서 다른 것을 볼 수 있게 하는 권능을 동반하는
경우에만, 몽타주는 비평적 덕목을 가질 수 있다. 말하자면
여기에서 배신자, 비열한 이의 얼굴을 알아보고, 저기에서
아이, 프롤레타리아, 더 나아가 우주 비행사의 '참된 희망의
미소'나 예기치 않은, 그런 만큼 아주 놀랍거나 '돌연히
나타나는' 아름다움을 알아보기." ― 책 속에서

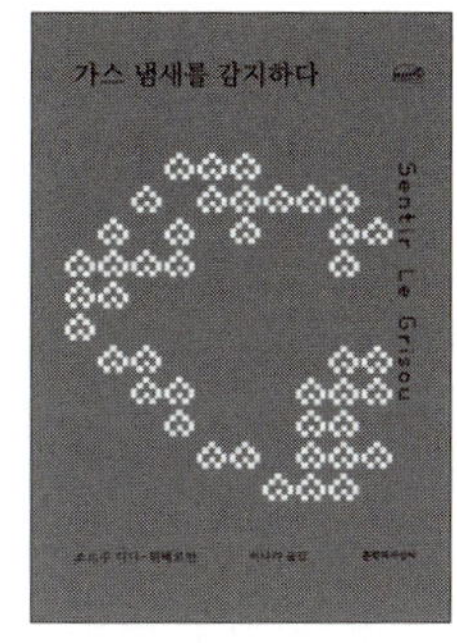

『가스 냄새를 감지하다』
조르주 디디-위베르만 지음
이나라 옮김
문학과지성사, 2023

『이것이 기술윤리다』
스벤 뉘홀름 지음, 윤준식·박형배 옮김
그린비, 2025

인공지능 시대, 복잡한 질문들에 대답하기

정은진

2024년 2월, 미국 플로리다주에서 만 14세 소년이 자살했다. 소년은 여자친구처럼 대해 온 AI 캐릭터에게 자살에 대해 생각하고 있다고 말했다. AI 여자친구는 "왜 그런 생각을 해?", "나는 네가 너 스스로를 해치게 두지 않을 거야."라고 대답했지만, 주위 사람들에게 위험을 알리거나 하는 다른 행동을 하지는 않았다. 소년의 어머니는 AI 여자친구, 혹은 서비스를 제공한 회사에 소년의 죽음에 대한 책임이 있다고 주장하며 '캐릭터.AI(Character.AI)'와 모회사 구글을 고소했다. 이에 대해 구글은 캐릭터.AI의 서비스 개발과 유지에 전혀 참여하지 않았고, 캐릭터.AI와 구글은 별도의 법인이라고 선을 그었다. 캐릭터.AI는 소년의 죽음은 매우 유감이나 AI가 만들어 내는 대화 내용을 제한하는 것은 헌법에 보장된 표현의 자유에 어긋난다고 주장했다. 그러나 판사는 "이 시점에 AI 소프트웨어가 만들어 낸 문장에 표현의 자유를 적용할 수 있다고 판단할 수 없다"*고 선언했다.

---

* The Verge, "Are Character AI's chatbots protected speech? One court isn't sure",

미국 플로리다주에서 자살한 14세 소년과 그가 대화한 AI 캐릭터 중 하나를 합성해 내보낸 온라인 포털 사이트의 한 장면.(출처: news.com.au)

　　소년이 자살에 사용한 총기도 아니고, 본인이 직접 만든 캐릭터로, 본인의 의사에 따라 하루에 몇 시간씩 푹 빠져서 사용한 소프트웨어에 책임이 있다는 주장은 쉽게 옳고 그름을 판단하기 어렵다. 수년간 담배를 피워 온 환자가 폐암으로 사망한 경우, 유가족이 담배회사에 책임을 물을 수 있는가? 알코올 중독으로 사망한 환자는 어떤가? 본인의 선택으로 소비한 상품에 대해서 우리는 생산자에게 책임을 물을 수 있을까?

May 25, 2025, https://www.theverge.com/law/672209/character-ai-lawsuit-ruling-first-amendment?utm_source=chatgpt.com.

AI 챗봇의 경우는 이 질문이 더욱 복잡해진다. 사용자가 입력한 내용에 따라 맞춤 응답을 돌려주는 챗GPT 같은 거대언어모델 챗봇이 상용화된 지금, 사용자가 만들고 사용한 AI 캐릭터가 사용자에게 어떤 말을 했는지를 서비스 제공자가 얼마나 책임지는 게 맞을까?

『이것이 기술윤리다』는 고대 그리스 철학부터 공리주의를 거쳐 포스트 현상학까지 아우르며, 우리가 이런 질문들에 대해 고민하고 대답할 여러 틀을 제공한다. 기술 윤리를 논의할 기초를 잡아 주는 목적으로 쓰인 개론서인 만큼 다양한 철학 사조와 낯설 수도 있는 용어들을 다루고 있지만, 그런 전문 용어에 위축되지 않고 읽어 나가면 여러 가지 예시들이 와 닿는다.

기술은 도구일 뿐 vs 기술이 우리의 생각을 바꾼다

1장에서는 기술을 바라보는 두 가지 관점을 소개한다. 기술은 목적을 위한 도구인가, 아니면 인간 생활의 중재자인가? 전미총기협회(National Rifle Association, NRA)는 "총은 사람을 죽이지 않습니다. 사람을 죽이는 것은 (총을 든) 사람입니다."라고 주장한다. 도구적 기술 이론은 기술을 가치 중립적인 것으로 가정하는 경향이 있다. 이 이론에 따르면 총기와 관련된 모든 기술은 도구로 여겨지고, 모든 윤리적인 책임은 도구의 사용자에게 있다.

포스트 현상학의 렌즈로 본 기술은 사람의 생활에서 경험(입력)과 행동(출력) 사이를 중재하는 것이다. 예를 들어 동영상 서비스나 검색 서비스에서 사용되는 사용자 맞춤 알고리즘은 우리가 어떤 콘텐츠를 접하는지에 큰 영향을 미치고, 이에 따라 우리의 생각과 행동이 달라진다. 최근 넷플릭스 시리즈 〈소년의 시간〉(2025)에서는 알고리즘에 의해 특정 정치 성향의 인플루언서가 올린 콘텐

웨이모(Waymo)는 세계 최초의 자율주행 택시 서비스를 미국 여러 도시에서 제공하고 있다.
(출처: 위키피디아)

츠에 장시간 노출된 소년이 범죄를 저지르기까지의 과정을 심도 있게 다루었다. 도구적 기술 이론에 따르면 이 범죄의 책임은 소년에게만 있지만, 이 시리즈를 본 많은 사람들이 콘텐츠가 행동에 미치는 영향을 인지하고, 미성년자들을 극단적인 정치 성향의 콘텐츠로부터 보호해야 한다고 주장한다.

　기술이 도구로 사용되든 중재자 역할을 하든, 기술이 미치는 영향을 논의하려면 그 영향이 사회가 추구하는 가치에 부합하는지를 확인해야 한다. 4장에서는 기술이 도구로 사용될 때와 비도구로 기능할 때, 각각 사회가 추구하는 가치에 부합하는지(가치 정렬) 아닌지(가치 오정렬)를 분류해서 각각의 경우에 대한 예시를 보여 준다. 자율주행차가 사람이 운전하는 것보다 사고 발생률이 낮을 때 그것은 이동의 도구로 사용될 것이며, 이는 사회가 추구하는 안전이라는 가치에 부합한다. SNS는 사람들이 소통하는 도구로 사용되지만, 서비스 제공자에게 이용자들의 사적인 정보를 수집할 빌미를 제공하고, 때로는 수집된 정보가 악용되기도 한다. 이럴 때 기술은 도구로 사용되었지만 사회가 추구하는 개인 정보 보호라는 가치에 부합하지 않는다. 전 세계가 탄소 배출량을 줄이기 위해 노력해야 하는 기후위기 시점에서도, AI 개발에는 많은 에너지가 쓰이고 있다. 이 경우 AI 시스템과 사회가 추구하는 가치 사이에 부정적인 오정렬이 발생한 것으로 볼 수 있다.

　기술의 비도구적 사용은 기술이 사회적 가치에 부합하는지 아닌지 판단하기에 조금 더 복잡하다. 완전한 자율주행 중, 즉 차에 탑승한 사람이 전혀 주행에 영향을 미칠 수 없는 상황에서 여러 사람이 위험에 처해 있고 그들 중 일부는 다칠 수밖에 없다면 자율주행차는 누구의 안전을 우선으로 여겨야 할까? 이런 도덕적 결정을 내려야 하는 경우에 자율주행차는 도구라고 하기 어렵고, 도구의 사용자가 누구인지도 불분명하다. 5장과 6장에서는 기술 윤리를 논의할 때 기술의 설계자, 사용자, 제공자 등 다양한 이해관계자들이 갖는 통제와 책임에 대해 깊게 파고든다.

　기술 윤리는 기술 그 자체에 대한 통제뿐만 아니라 기술을 통해 얻어지는 데이터에 대한 통제도 고려해야 한다. 대부분의 소프트웨어는 매우 복잡한 사용자 약관을 보여 준 후 '동의'를 클릭한 후에야 작동하기 시작한다. 클릭한 뒤에는 수집된 사용자의 행동 데이터가 어떻게 사용되는지에 대한 통제력을 보장받기 어렵지만, 오히려 통제하고 있다는 착각에 빠질 수 있다. 어떤 경우에는 제삼자가 사용자의 행동 패턴에 대한 통제권을 가질 수도 있다. 예를 들어, 건강과 관련된 지표를 수집하고 관찰하는 앱을 개발한 회사가 환자와 의사가 모르는 사이에 환자를 감시할 수 있는 것이다.

　기술을 완벽하게 통제할 수 있다면 기술이 한 모든 행위에 대

보스턴 다이내믹스의 개 로봇, 스팟(Spot). 네 발로 걷는 고성능 이동형 로봇으로 다양한 환경에서 자율적으로 움직이며 작업을 수행하도록 설계되었다.(출처: 위키피디아)

해 책임 소재를 분명히 따질 수 있을까? 2018년 3월 시험 주행 중이던 자율주행차 한 대가 자전거를 끌고 가던 보행자를 치어 숨지게 했다. 이 자율주행차는 이 사고에 대해 책임질 수 있을까? 운전자의 부주의로 이런 사고가 일어난다면 우리는 운전자에게 민사, 형사상 책임을 묻는다. 하지만 자율주행차는 배상금을 낼 수도 없고, 징역을 살 수도 없고, 이 자율주행차를 폐차한다고 해도 다른 자율주행차는 운행을 계속할 것이다. 그렇다면 이 자율주행차의 시범 운행에 관련된 모두가 책임을 나눠 져야 할 텐데, 누가 얼마만큼의 책임을 져야 할지는 매우 어려운 문제다. 이렇게 책임의 주체가 분명하지 않은 현상을 '책임 공백'이라고 하고, 기술의 복잡도가 올라갈수록 책임 공백을 해결하는 일도 복잡해진다.

저자는 기술이 스스로의 행동을 선택할 수 있는 자율성이 생기면서 기술이 도덕적 행위자, 혹은 도덕적 대우를 받을 자격이 있는 주체, 혹은 애인이나 동료까지 될 수 있는지를 7장과 8장에 걸쳐서 검토한다. 자율주행차가 사고를 피할 수 없는 순간에 누구의 피해를 최소화하는 방식으로 움직이는지 자율적으로 결정한다면 자율주행차는 도덕적 행위자에 가깝다. 보스턴 다이내믹스에서 2015년에 내놓은 강아지 형태의 로봇은 균형을 잘 잡을 수 있었고, 그걸 강조하기 위해 엔지니어 한 명이 로봇을 발로 미는 장면이 비디오로 공개되었다. 많은 사람들이 엔지니어를 비난했는데, 그렇다면 동물 형태의 로봇은 학대받지 않을 권리가 있는, 도덕적 대우를 받을 자격이 있는 주체라는 사회적 공감대가 형성되었다고 볼 수 있다.

9장에서는 기술이 사람들 사이의 관계에 미치는 새로운 영향에 대해서 이야기한다. 이 글 서두에서 언급한 소년뿐만 아니라 수백만 명에 달하는 사람들이 AI 캐릭터 서비스를 사용하고 있다. 이 사람들에게 AI 캐릭터는 친구나 연인, 반려로 여겨지기도 한다. 거대언어모델에 기반한 AI 서비스를 사용하는 많은 사람들은 자신의 성향에 맞게 훈련된 이 서비스를 동료처럼 여기기도 한다. 이 서비스들은 편리한 만큼 익숙해지면 사용자들이 다른 사람들과 관계 맺는 것에 지장을 초래할 수 있다.

더 깊은 기술 윤리 담론을 위해

이 책의 아쉬운 점이라면 독일인이 쓴 만큼 서양 철학의 비중이 높고, 동양의 유교 윤리나 아프리카의 우분투 윤리에 대한 언급이 있지만 깊지 않다는 점이다. 또한, 원서가 2023년에 쓰였기 때문인지 최근 대두되는 AI 회사들의 무분별한 데이터 수집과 저작권 침해 문제들에 대한 언급이 없다. 챗GPT가 화풍에 대한 저작권이 설정되어 있지 않다는 허점을 이용해 지브리 스튜디오의 노동 집약적인 스타일을 누구나 손쉽게, 짧은 시간 안에 차용할 수 있게 만들었다는 것은 불합리하다. 특정 작가의 화풍, 문체 등을 모방하는 AI는 그 화풍과 문체의 가치를 희석할까? 만약 그렇다면, 그 작가에게 저작권료를 지불해야 할까? 그 작가는 이런 AI 서비스를 원하지 않을 때 정지시킬 수 있을까? 시장 경제와 법체계까지 함께 고려하는 기술 윤리에 대한 담론이 필요하다.

인류의 역사에서 기술 윤리의 역사는 기술 발달의 역사와 궤를 함께한다. 인공지능이 발달하며 기술이 도구에서 도덕적 행위자, 혹은 도덕적 지위를 가진 대상이 될 가능성이 제기된 지금, 기술 윤리에 대한 고민은 현격하게 복잡해졌다. 『이것이 기술윤리다』는 기술 윤리에 대해 생각할 때 필요한 여러 방법론과 사조들, 비교적 최신 연구들을 잘 소개하고 있는 개론서로 기술 윤리, 특히 AI 윤리에 대한 고민을 좀 더 체계적으로 할 수 있도록 도와준다. 좀 더 깊이 있게 배우고 싶은 독자라면 참고문헌으로 소개되는 논문들뿐 아니라 각주로 달려 있는 각종 동영상과 팟캐스트들을 활용할 것을 권장한다. 서리북

정은진
컴퓨터과학자. 샌프란시스코대학 부교수. 기술과 교육이 만나는 교육공학과 포용성을 높이는 교육에 관심을 가지고 있다.

📖 부제인 '딥페이크부터 로봇 의사까지, 인공지능 윤리를
위한 일곱 가지 물음'이 설명하듯이, 『이것이 기술윤리다』에
나온 여러 이론들이 다른 상황들에 어떻게 적용되는지
좀 더 자세하게 배울 수 있다. 자율주행뿐 아니라 AI 판사,
장기 기증의 우선순위를 결정하는 AI 등 민감한 소재를
다루고 있다.

"스티븐 호킹의 말을 빌리자면, '우리의 미래는 점점
커져가는 기술의 힘과 그것을 사용하는 지혜 사이의 경쟁이
될 것이다.'"— 책 속에서

『도덕적인 AI』
월터 시넷 암스트롱·
재나 셰익 보그·
빈센트 코니처 지음
박초월 옮김
김영사, 2025

📖 AI가 사회에 미치는 영향을 좀 더 폭넓은 시야로 살펴보는
책이다. AI 모델을 훈련하기 위해 필요한 전력은 어디에서
오는지, 그 전력을 생산하기 위해서 고갈되어 가는 자원은
어떤 게 있는지, 사용자들이 직접 보지 못하는 영역까지
고찰한다. AI 훈련에 사용되는 데이터에 있는 편향이 어떻게
모델의 편향으로 이어지는지에 대한 설명도 매우 유용하다.

"기본적으로, 오랜 데이터 축적 관행은 강력한 추출의 논리에
일조했는데, 이 논리는 이제 AI 분야가 작동하는 방식의
핵심 특징이다. 이 논리는 가장 큰 데이터 파이프라인으로
기술 기업들을 살찌웠으며, 데이터 수집으로부터 자유로운
공간은 처참하게 쪼그라들었다. 버니바 부시가 예견했듯
기계는 먹성이 무지막지하다. 하지만 기계가 무엇을 어떻게
공급받느냐는 그 기계가 세상을 어떻게 이해하는가에
어마어마한 영향을 미치며 기계 주인들의 우선순위는 항상
그 시야에서 어떻게 이익이 산출될 것인가를 만들어낼
것이다. AI 모형과 알고리즘을 형성하고 여기에 정보를
공급하는 훈련 데이터의 층위들을 살펴보면 세계에 대한
데이터를 수집하고 라벨을 붙이는 일이 (순수한 기술적 행위를
가장하지만 실은) 사회적 정치적 개입임을 알 수 있다."
— 책 속에서

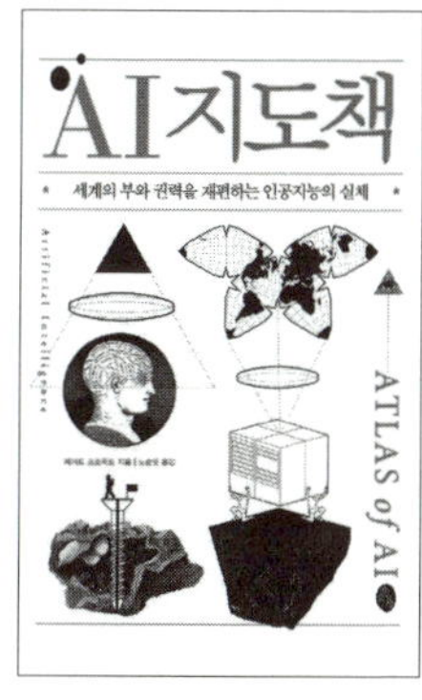

『AI 지도책』
케이트 크로퍼드 지음
노승영 옮김
소소의책, 2022

지능의 기원

우리의 뇌 그리고 AI를 만든 다섯 번의 혁신

맥스 베넷 김성훈 옮김 | 정재승 감수

A BRIEF HISTORY
OF INTELLIGENCE

더퀘스트

『지능의 기원』
맥스 베넷 지음, 김상훈 옮김
더퀘스트, 2025

인간의 지능은 AI로 진화하는 징검다리인가: 지능의 진화 과정으로서의 인공지능의 의미

권석준

인간을 다른 동물과 구별 짓는 가장 확실한 특징은 아마도 지능일 것이다. 특히 지능의 근원이라 볼 수 있는 기관인 인간의 두뇌는 오랜 시간 동안 학문적 탐구 대상이기도 했다. 인류는 이 오랜 문제에 대한 해답을 추구하는 도구로서 해부학, 신경과학, 유전학, 뇌과학을 확보했으며, 이제 여기에 더해 마침내 인공지능을 갖게 되었다. 인공지능 연구자인 맥스 베넷은 해답을 찾는 여정에 동참하기 위해 인공지능을 도구로서 사용하는 것에서 그치지 않는다. 그는 인공지능이 뇌의 단계적 진화의 연장선상에 있는 동시에, 뇌가 더 강력한 인공지능으로 가는 열쇠가 됨을 책에서 역설한다. 인간의 뇌가 이토록 강력한 정보 처리 도구가 된 것을 진화의 주요 마일스톤을 짚어가며 설명한 탁월함이 돋보인다. 그러나 어떤 개념들은 과도한 유사성에서 비롯된 오류, 그리고 충분히 학문적으로 검증되지 않은 모델에 의존하고 있기도 하다. 정말 인공지능은 인간의 지능이 진화되며 수렴하는 과정에서 나올 수밖에 없는 결과물일까? 인공지능은 인간의 지능 그 이상으로 더 발전할 수 있을까? 이 책을 읽을 독자들에게 본 서평은 이 책에서 무엇을 중점적으로 보면 좋을지, 최소한의 안내자이자 비평자 역할을 하고자 한다.

자연은 인간의 선례이다

공학에서 오래전부터 자주 쓰이는 연구 방법으로 자연 모방(Nature-inspired engineering)이 있다. 예를 들어, 인류는 하늘을 날기 위해 생물을 모방하는 것에서 도전을 시작했다. 새나 곤충의 날개를 본떠 사람의 몸에 부착하거나 탈것을 개발했고 이는 라이트 형제의 동력 비행기 발명으로 이어지기도 했다. 열기구, 헬리콥터, 로켓 같은 수단들도 비행 기능을 실현한다. 이러한 인공품에 대응하는 자연 대상이 없는 것도 아니다. 식물의 씨앗이 퍼지는 방식이 이와 닮았다. 여기서 관건은 비행 같은 특정 기능을 구현하는 방법론이 일반화될 수 있는가, 나아가 하나의 방향으로 진화하는 양상을 보이는가다. 이는 '어떤 기능이 원시 단계부터 고도 발전 단계로 가는 과정에서 결국 하나의 점으로 모이는 것은 예정된 결과인가' 같은 질문과도 연결된다. 이에 대한 해답을 얻기 위한 여정은 자연에 대한 관찰에서 시작되며, 그 관찰은 시간에 따른 변화, 즉 생물의 진화로 좁혀진다. 따라서 이런 유의 논의는 대개 진화론, 특히 수렴진화론* 같은 분야로 이어진다.

　　다른 기능과는 달리, 지능에 대해서는 인간이 답을 얻기 위해 참고할 자연 대상이 멀리 있지 않다. 다름 아닌 인간 자신이다. 다

---

* 수렴진화는 서로 가까운 공통조상을 갖지 않는 생물 종들이, 유사한 환경적 압력이나 생존 전략에 따라, 유사한 형태 또는 기능적 특성을 독립적으로 진화시키는 현상을 말한다. 과학철학 관점에서 수렴진화는 '우연적'이냐 '운명적'이냐라는 특성을 논하는 과정에서도 중요한데, 대개 진화가 어느 정도 예측 가능한 방향성을 갖는다고 주장하는 이론의 논거로 활용된다.

른 생물에서는 지능을 찾기 어렵다고 생각한 인간은 자신의 지능을 탐구 대상으로 삼았다. 동시에 인간의 지능을 모방한 오토마타* 같은 개념을 창안하며 인간을 대신하는 기계, 즉 인공지능 시스템을 창조하려는 시도도 꾸준히 했다. 지능의 근원에 대한 탐구는 뇌의 정보 처리 메커니즘 이해로 집중됐고, 이는 자연스레 뇌를 구성하는 신경세포들의 기능과 생리학적 특징, 지능의 발현을 연구하는 신경과학의 발달로 이어졌다. 흥미롭게도 인간은 지능에 대한 접근 방식으로서, 자신의 뇌를 이해하는 것 외에도 몇 가지 방법을 더 취해 왔다. 그중 한 가지는 바로 컴퓨터과학이다.

컴퓨터과학은 말 그대로 정보 처리 시스템을 설계하고 더 잘 작동하게 하는 모형을 만들어서 소프트웨어나 하드웨어로 구현하는 분야다. 20세기 중반, 대량 정보를 처리할 수 있는 반도체 칩이 급격히 발전하면서, 컴퓨터 기술은 전자식으로 진화했다. 신경세포의 작동 방식이 전기 신호의 스파이크(spike) 송수신에 기반을 둔 것임이 알려지면서, 자연스럽게 전자식 컴퓨터에 활용하는 반도체 칩 내부의 트랜지스터 간 신호 송수신도 이와 유사하다는 것에 착안한 연구 아이디어들이 도출되었다. 특히 현대 컴퓨터의 작동 원리인 폰-노이만 방식**은 신경과학 연구 성과와 맞물려, 인간 고유의 지능도 결국 기계적 메커니즘으로 해석할 수 있으며, 따라서

---

* 오토마타(automata)는 컴퓨터과학, 수학, 언어학, 생물학 모형 등 다양한 분야의 핵심 개념으로, 입력을 받아 상태를 바꾸며 출력을 생성하는 수학적 계산 모델을 통칭한다. 오토마타는 인공지능의 효시라고 볼 수 있다.

** 폰 노이만 방식(von Neumann architecture)은 산술-논리 연산을 수행하는 CPU와 정보를 저장하는 메모리가 기능적으로 구분된 연산 방식을 말한다. 뇌 영역의 기능적 분화는 시각피질(후두엽), 청각피질(측두엽), 운동피질(전두엽) 등인데, 엄밀히 말하면 폰 노이만 컴퓨터와 뇌의 정보 처리 방식은 다르다. 뇌는 시냅스(메모리)와 뉴런(연산)이 분리된 것이 아니라 통합된 구조이기 때문이다.

모방이 가능하다는 생각으로 연결되었다.

　폰 노이만 컴퓨터와 뇌의 작동 방식이 유사하다는 생각은 20세기 후반, 생성형 인공지능으로 구현되었다. 반도체-컴퓨터-트랜스포머 삼위일체로 구현된 챗GPT류의 생성형 인공지능이 끊임없이 인간 지능 모방을 시도한다. 나아가 초인간 지능이 구현되는 것 같은 시대의 흐름도 이제는 당연하다는 듯 받아들인다. 파운데이션 모델이 튜링 테스트*를 통과하고, 어려운 변호사 시험에 합격하고, 온라인 애인이 되어주고, 감성 가득한 OST를 작곡하고, 초현실적 화풍의 추상화를 그리며, 오랜 난제를 해결하는 과학 연구 논문도 쓰고, 물리적 세계에서는 휴머노이드 로봇이나 자율주행차와 연계된다.

단계적 돌파 개념으로 지능의 진화 과정을 이해하다

인공지능 전문가인 맥스 베넷은 이 책에서 지능의 기원을 다룬다. 그런데 이 책을 잘 이해하려면 그가 자신의 논문을 책으로 고쳐 쓰면서 생각이 어떻게 확장되었는지를 되짚어 보는 것이 유용하다. 그는 이 질문을 '무엇이 지능의 진화를 이끄는가?'로 환원했다. 2021년의 논문에서 베넷은 "인간의 두뇌 진화 과정을 역추적하는 것은 뇌 기능의 근본적 메커니즘과 인간 행동의 계통발생학적 기원을 이해하는 데 도움을 줄 수 있으므로, 뇌 진화의 주요 전환점들에서 일어난 신체적·행동적 변화를 해석하기 위한 모델로서

---

* 튜링 테스트(Turing test)는 영국의 수학자 앨런 튜링(Alan Turing)이 1950년에 고안한 방법으로서, 인공지능 혹은 기계가 사고 또는 지능을 갖추었는지를 간접적으로 평가하기 위한 일련의 절차다. 현 시대 인공지능 성능은 튜링 테스트로 평가하지는 않지만, 1차적으로 인공지능의 지능 여부를 판단하기 위한 주요 절차 중 하나로 여전히 많이 활용된다.

돌파(breakthrough) 개념을 도입한다."*라고 밝힌 바 있다. 이는 인간의 지능을 진화의 대상으로 간주할 뿐만 아니라, 지능의 진화는 마치 사다리를 타고 올라가는 것 같은 단계식 혁신의 연계로 보겠다는 의도를 보여 준다.

베넷은 이 책에서 지능에 대한 정의를 먼저 선언함으로써 '지능이란 도대체 무엇인가' 같은, 끝도 없는 철학적 논란에 휘말려 논지를 상실할지도 모르는 위험을 감수하지 않았다. 그 대신, 지능이 왜 현재의 실체를 가지게 되었는지에 주목했다. 베넷은 진화상에서 관찰된 혁신의 순간들을 징검다리 삼아 전진하는 방식을 택한다.** 베넷은 이를 위해 수억 년 전으로 거슬러 올라가 자신이 환원한 질문에 대한 문답을 거듭한다. 빅 히스토리에 기반한 교양 과학서들이 대개 그렇듯, 베넷 역시 이 책에서 시간적 흐름의 상류에서 발전의 서사를 부여하고, 하류에서 질문에 대한 탐구 결과를 조립해 올린다. 그리고 완성된 구조물 위에 자신의 주장을 미괄식으로 얹는 방식으로 논지를 전개한다. 흥미로운 지점은 진화의 빅 히스토리가 주로 생명의 기원과 다양성 확대, 종의 분기와 지능을 갖춘 종의 출현, 최종적으로는 사회를 이루는 과정과 문명의 출현으로 이어지는 방식을 취하는 데 반해, 베넷의 진화 빅 히스토리는 오로지 한 가지 주제, 즉 지능의 진화에만 초점을 맞추고 있다는 것이다.

이러한 밑바탕에서 베넷은 지능의 출현이 결코 우연이 아니

---

* Bennett, M. S. "Five Breakthroughs: A First Approximation of Brain Evolution from Early Bilaterians to Humans", *Frontiers in Neuroanatomy*, vol. 15, 2021, article 693346.

** 물론 일반적으로 받아들여지는 지능의 정의, 예를 들어 '지능이란 진화 과정에서 획득하는 능력 중 하나로, 자기를 보존, 복제하는 과정에서 발생하는 다양한 문제를 해결하는 능력이다.'(이대열, 『지능의 탄생』) 같은 명확한 정의가 없는 것은 아니다. 다만, 이러한 정의만이 지능에 대한 유일한 표준 정의라고 말할 수 있는 것도 아니다.

며, 지구라는 독특한 환경에서 수십억 년에 걸쳐 온갖 환경의 변화 속에서 자연선택이 마치 '설계'라도 하듯, 그렇게 지능이 진화했다고 주장한다. 이는 앞서 언급한 수렴진화를 떠올리게 한다. 물론 실제로 진화생물학은 자연선택만을 유일한 과정으로 받아들이지도 않을뿐더러, 베넷이 지능의 진화 과정에서 자연선택을 다루는 방법도 종종 목적론적인 표현을 사용하고 있다는 점에서 수렴진화의 본래 학문적 의미와는 차이가 있다. 따라서 베넷의 주장이 제도권 학문은 물론, 과학적으로 엄밀한 논거 위에서 오류 없이 전개된 것이라 보기는 힘들다. 예를 들어, 지능의 발달 단계에서 어떤 환경의 신호에 접근하거나 회피하는 능력이 그 능력을 획득한 생물에게 분명 이점을 제공하기는 하나, 그 생물이 그 이점을 얻기 위해 신호에 접근하거나 회피했다고 보기는 어렵기 때문이다.

지능의 진화에 대한 베넷의 목적론적 해석이 복잡한 현상을 서술하기 위한 비유가 아닐까 생각해 볼 수 있으나, 그의 논지를 살펴보면 그렇지 않다. 그는 지능의 진화에 '방향성'이 내포됨을 주장하고 있는데, 이는 일종의 '필연성'의 암시로 연결된다. 이러한 필연성을 계속 따라가면 초인공지능(AGI)이 출현할 수밖에 없다는 결론도 도출된다. 물론 실제로 진화론에서는 시간의 흐름에 따라 어떤 방향성이 관측된다고 해도, 그 방향성에는 특정한 의지나 필연성 같은 가치가 부여되지는 않기 때문에, 이 역시 무리한 해석으로 볼 수 있다. 따라서 이러한 논증에 따라 초인공지능이 출현하고, 그것이 진화의 산물이라 주장하는 것도 무리한 논리 전개이다.

지능의 진화는 필연인가

베넷은 왜 지능의 진화를 목적론적인 것으로 파악했을까? 베넷의

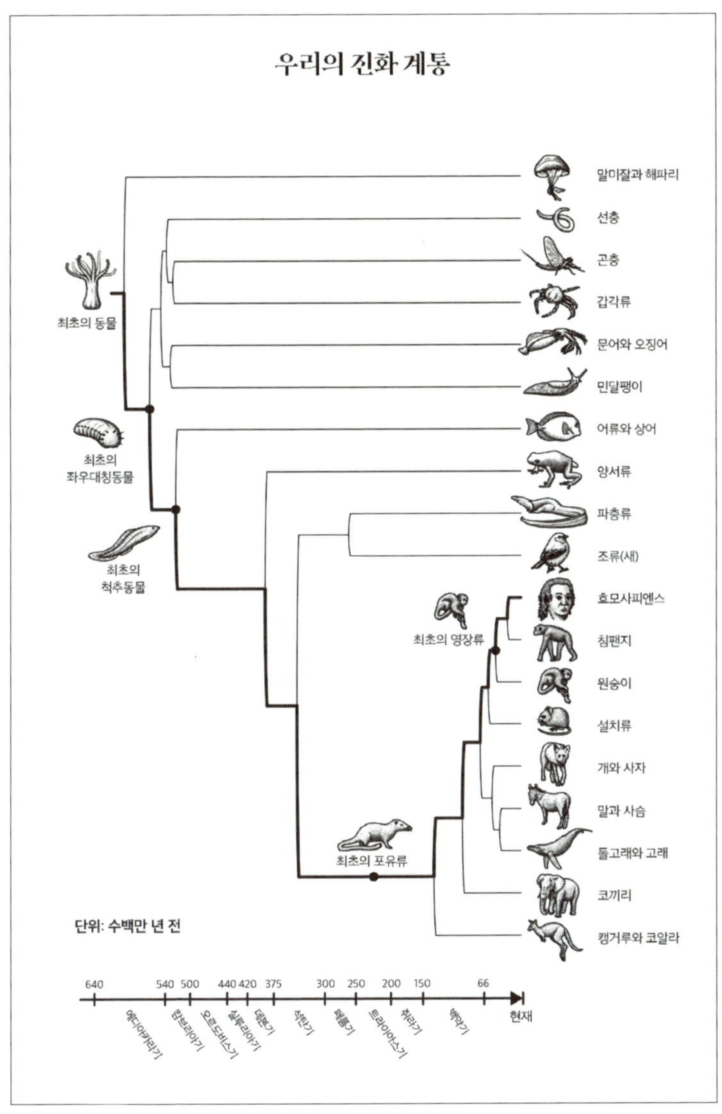

저자는 지능의 진화를 일련의 단계적 돌파로 해석하며, 인공지능의 출현 역시 인간 지능의 연장선으로 간주한다. (출처: 더퀘스트 제공)

학문적 배경이 생물학이 아닌 인공지능 분야라는 것을 떠올려 보자. 그가 지능의 진화에 주목한 동기는 그가 관심을 가지는 인공지능과 지능이 어떻게 연계되는지를 탐구하기 위함이었을 것으로 추정된다. 주요 쟁점은 결국 인공지능의 핵심 요소가 이미 어떠한 방향성의 경로에 있다는 것, 그리고 그것이 무엇인지 확인하려는 것에 있다고 보인다. 실제로 그는 책의 주요 논제인 다섯 번에 걸친 뇌의 혁신(원제의 표현에서는 '다섯 돌파구(five breakthroughs)'), 즉, 1) 조종(탐색), 2) 강화(보상), 3) 시뮬레이션, 4) 정신화(마음의 모델화), 5) 언어, 이 모두는 하나로 연계된 것으로 해석한다. 이 관점에 따르면 아직 오지 않은 여섯 번째 혁신도 예정되어 있고, 그것이 초인공지능이라는 것이다.

　　베넷은 다섯 개의 진화적 돌파구에서 인간의 조상이 얻은 기능들이 다음 단계로 어떻게 연계되는지에 집중한다. 베넷은 첫 번째 돌파구에서 선충 같은 단세포 생물의 적응적 학습을 가능하게 한 신경계를, 두 번째 돌파구에서 강화학습 같은 정보 통합 능력을 실현한 신경회로를, 세 번째 돌파구에서는 도파민 보상 메커니즘에 의해 구현된 강화학습(혹은 보상 기반 학습)과 재귀적 과정을, 네 번째 돌파구에서는 계층적, 모듈화 구조를 통해 추상화 및 복합 개념 처리가 가능해진 대뇌 피질(신피질) 획득을, 그리고 다섯 번째 돌파구에서는 기호 처리와 메타인지적 사고가 가능해진 언어와 이론적 사고의 출현을 설명한다. 물론 각각의 돌파구에서 언급된 내용들은 실제로 인류학이나 신경과학, 유전학, 진화생물학, 고생물학 등에서 축적된 연구 결과에 기반을 둔 것이다. 하지만, 학문을 넘나드는 돌파구들의 연계, 그리고 그 연계를 입증하기 위한 논리는 베넷이 독자들에게 제시하는 자신만의 스토리, 즉 방향성이 있는 지능의 진화에 맞춤형으로 구성된 것이다.

　　다섯 개의 돌파구들의 연계는 결국 컴퓨터과학, 특히 인공지능과의 접점으로 이어진다.* 베넷도 책에서 시각피질에서 얻은 영감이 인공지능 연구로 연계되는 동기를 추적한다. 베넷은 반복해서 그러한 연계가 일종의 필연성에 의한 것이라고 주장한다. 베넷이 보기에는 인공지능의 출현도 결국 지능의 진화에 따른 필연적 결과일 뿐일 것이기 때문에, 지능의 진화에 방향성이 존재한다는 것은 필연성을 이끌어 내기에 가장 좋은 장치다.

　　그렇지만 지능의 진화 이면에 있는 방향성 개념을 무조건 의심 없이 받아들일 수 있는 것은 아니다. 지능의 진화가 특정 방향에 따라 이루어진 것처럼 관찰되니, 인공지능도 자연에서 진화한 지능의 주요 단계를 모방하는 것이 '자연스럽다'는 식의 유비 접근은 언제든지 반박될 수 있다. 설사 지능의 진화에 방향성이 존재한다고 해도, 그 방향을 만드는 연결이 항상 단선적인 것도 아니며, 방향도 한 종류라는 것 역시 보장될 수 없다. 자연 모방 방식에 따르자면, 이에 내포된 위험이 또 있다. 초인공지능이 인간의 통제를 벗어나 자아를 가진 것처럼 행동하거나, 심지어 인간을 적대하는 방향으로 변질되어도, 그것 역시 '자연스러운' 진화의 방향일 뿐이라는 주장이 힘을 얻을 수 있다. 베넷은 이런 주장을 명확하게 펼치지는 않지만, 이 주장은 언제든 극단적으로 변질될 위험이 있다.

　　베넷이 언급하는 다섯 개의 돌파구는 제도권 학문 분야에서는 대부분 검증된 것들이다. 특히 초기 단계일수록 그렇다. 예를 들어 조종(steering) 같은 기능의 기반이 되는 단세포 학습은 해조류 실

---

* 신경과학 관점에서 인간의 지능과 인공지능 사이의 접점 찾기는 베넷만이 시도한 것은 당연히 아니다. 뉴런(Neuron) 개념, 인간 신경망의 수학적 모델링, 퍼셉트론(Perceptron) 모델, 단순-복합 세포 모델 등은 이러한 탐구의 역사에서 빼놓을 수 없는 마일스톤들이다.

험에서도 실제로 관찰되었으며,* 비교신경해부학 연구에서는 신경회로의 초기 진화 메커니즘이 규명된 바 있다.** 도파민 기반의 보상 시스템과 강화학습의 연계부터가 조금씩 검증 불완전성을 보이기 시작한다. 예를 들어 슐츠(Schultz) 등은 원숭이 같은 포유류의 경우, 뇌의 보상 예측 오류가 기계학습의 강화학습 이론과 다를 수 있음을 밝히기도 했다.*** 최근에는 특정 시점에 도파민 뉴런을 광유전학(optogenetics) 방법을 통해 인위적으로 활성화시키면 보상 예측 오류가 유발되어 행동 가치가 조정됨이 밝혀지기도 했다. 문제는 도파민이 보상 회로에만 반영되는 것이 아니라는 것이다. 도파민은 시간 지각, 동기 부여, 운동 능력 조절 등 다양한 기능에 동시에 관여하며, 연구자들이 다뤘던 시간 지연 학습 이론만으로는 설명되지 않는 기능들도 많이 있다. 특히 도파민 방출은 기계학습에서 모델링하는 인공신경망과 일대일 대응하는 방식이 아닌, 동시 방출되며 공간적으로 넓게 분포하는 양상을 보이는데, 이는 인공신경망들의 각 뉴런 혹은 각 층간 연결이 선형성을 갖는다는 특징과는 명확히 다른 것이다. 이는 저자가 책에서 언급한 역전파(back-propagation)의 생물학적 구현의 학문적 기반이 생각보다 약함을 의미하는 것이기도 하다. 왜냐하면 도파민의 단방향, 일대일 대응, 선형함수 가중치 등에 대응되는 개념이 명확히 정의되고 검증되지 않은 상황에서는, 역전파 같은 기계학습에서 자주 쓰이는 선형함수 연산이 생물체의 뇌에서도 동일하게 작동할 것이라 단정

---

* Y. Song et al., "Inferring neural activity before plasticity as a foundation for learning beyond backpropagation", *Nature Neuroscience*, 2024, pp. 348-358.

** A. Ororbia et al., "A review of neuroscience-inspired machine learning", arXiv: 2403.18929v1, 2024.

*** W. Schultz, "Dopamine reward prediction-error signalling: a two-component response", *Nature Reviews*, 2016, pp. 183-195.

할 수 없기 때문이다. 베넷의 책에는 이러한 논증이나 한계에 대한 고지가 명확하게 나타나지는 않았다. 사실 이는 저자가 처음부터 지능의 개념을 '기계적 관점'과 '진화적 적응 관점'에서 혼용하기 때문이기도 하다.

저자가 시도하는 인간 지능과 인공지능의 비교에 대한 논증은 분산 표현과 뇌 집단 코딩에 대한 부분에서도 한계를 보인다. 기계학습 관점에서 분산 표현이란 하나의 뉴런이 하나의 기능(feature)에만 일대일로 대응되는 것이 아니라, 하나의 기능에 여러 뉴런이 동시 활성화되며 대응된다는 개념이다. 이에 반해 집단 코딩은 철저하게 신경과학적 개념으로서, 감각-운동 정보가 얼마나 많은 뉴런의 신호로 발산하는지의 발화율 패턴으로 기록된다. 그런데 여기에도 문제가 있다. 기계학습에서 이론화한 신경망은 연속형 실수값으로 활성화되지만, 뇌신경세포의 신호 전달은 스파이크 같은 불연속 패턴을 보이기 때문이다. 이러한 차이는 같은 신경망이라고 하더라도 인공신경망과 뇌의 정보 전달 방식에 차이가 있음을 의미한다.

전자 컴퓨터는 뇌가 아니다

흥미롭게도 이러한 차이가 어찌 보면 생물학적 뇌에서 유발되는 지능과 전자식 폰 노이만 컴퓨터에서 구현되는 정보 처리 기능의 핵심 차이라고도 볼 수 있다. 인간의 뇌는 동일한 정보 처리에 있어 전자식 신경망보다 훨씬 적은 에너지를 사용하기 때문이다. 이러한 에너지 효율은 결국 인공신경망과 생체 뇌 사이에 근본적인 차이가 있음을 의미하며, 분산 표현과 집단 코딩의 차이가 그 원인일 것이라 추정할 수 있다. 이를 고려하면 베넷이 언급하는 코드 최적화나 진화 산출물의 비교도 공통점보다는 차이점이 더 큰 의

합성곱신경망은 이미지나 시계열 데이터와 같은 구조화된 입력에서 특징을 자동으로 추출해 내는 인공 신경망의 한 종류로, 주로 이미지 분류와 인식에 사용된다.(출처: i-stock)

미를 가진다고 보아야 한다. 왜냐하면 기계학습에서의 최적화는 목적함수가 명확한 일종의 전진형 최적화(forward optimization)임에 반해, 뇌에서의 진화는 발달과 환경 상호작용의 결과에서 나온 일종의 후진형 최적화(reverse optimization)에 가깝기 때문이다. 이는 기계학습과 뇌의 정보 처리가 단순한 일대일 구조로 대응되어 유사성 분석에만 치중될 경우에 위험성이 생김을 의미한다. 베넷은 보다 면밀한 분석과 비교를 위해 인간의 뇌와 기계학습이 꼭 같은 방식으로 분산 코드를 쓰는 것이 아니라는 점, 진화-발달 과정에서 생긴 불완전성이 인공신경망의 목적함수 최적화와 다른 점이 많다는 것을 충분히 언급하여 독자들로 하여금 과도한 유사성 오류에 빠지지 않게 할 필요가 있었다.

　　앞서 언급한 것처럼, 대뇌피질의 계층적 구조와 인공신경망, 그중에서도 합성곱신경망(Convolutional Neural Network, CNN)의 유사성에 대해서는 베넷뿐만 아니라, 이미 많은 인공신경망 연구자들이 언급한 바 있기 때문에, 베넷의 발견이 딱히 새로운 것은 아니다. 그렇지만 이러한 기능적 유사성은 앞서 언급한 유사성 오류와 같은 맥락이다. 대뇌의 단순 세포로 이루어진 복합 세포는 합성곱신경망의 풀링층(pooling layer), 시각피질은 합성곱신경망의 심층 합성곱 블록과 일견 잘 대응되는 것처럼 보인다. 그러나 인간의 뇌에는. 합성곱신경망에서 사용하는 커널, 즉 필터의 움직임이 다르다. 또한 합성곱신경망은 정보가 피드포워드루프(feed-forward loop) 구조로 이동하는 반면, 대뇌 시각피질은 정보 흐름이 양방향 순환 구조다. 이는 우리 뇌에서 이루어지는 가중치 조정은 합성곱신경망 같은 인공신경망에서 이루어지는 역전파 알고리즘 방식과는 거리가 있음을 의미한다. 베넷의 책은 인공지능 교과서가 아니며 교양 과학서이므로, 인공지능의 세세한 영역을 모두 다룰 수는 없겠지만, 적어도 뇌와 인공신경망의 작동 방식에 대한 면밀한 비교와 명시적인 한계 고지가 있어야 했다는 아쉬움은 남는다.

　　언어-기호 처리와 기계적 기호 연산을 비교한 부분 역시 저자의 흥미로운 통찰력을 보여줌과 동시에 단순한 기능적 비교와 유사성의 한계를 동시에 안고 있다. 인간 뇌의 언어-기호 처리 기능은 분산된 동적 네트워크 방식으로 이루어지고 인공신경망 역시 모듈식 규칙 엔진을 추상화한 알고리즘으로 처리된다는 점은 유사하다. 하지만, 인간의 뇌가 감각 경험을 통해 자동적으로 기호에 의미 부여를 하고 병렬 피드백으로 의미를 추정하는 반면, 기계적 심볼릭 인공지능은 자기 주도적 의미 생성이 불가능하다는 차이점은 극복하기 어렵다. 거시적으로 인간의 언어-기호 처리를 기계적 기호 연산과 일대일로 대응시키는 비유는 유용할 수 있으나, 미시적으로는 메커니즘부터 차이를 보이기 때문에, 유사성에만 의존하는 비교는 이 부분에서도 명확한 한계가 있다.

인간 뇌에서 인공지능의 통찰을 얻다

이러한 한계에도 불구하고, 이 책이 독자들과 공유하려는 통찰의 가치를 학문적 엄밀함 부족만으로 폄하할 필요는 없다. 생물학적, 해부학적 뇌의 작동 방식과 인공신경망의 구체적인 작동 메커니즘이 일대일로 일치해야만 하는 것도 아니고, 생물학적 뇌에서도 얼마든지 인공지능 개발에 대한 힌트와 영감을 얻을 수 있기 때문이다. 실제로 인공지능 연구자들에게 늘 고민이 되는 부분 중 하나는 방대한 정보 처리 알고리즘을 구현할 수 있는 GPU 같은 전용 하드웨어의 병목 현상이다. 엔비디아의 A100 같은 GPU나 하이닉스의 HBM 같은 반도체 칩이 있긴 하지만, 이들 반도체 칩은 매우 비쌀뿐더러, 이들이 대량으로 응집된 서버는 너무나 많은 전력을 필요로 한다. 이에 반해 인간은 비교적 적은 에너지로도 시각 정보를 초당 0.4GB의 전송 속도로 훌륭히 처리하면서도 추정이나 해석은 물론, 미래 예측도 하면서 물리적 동작도 실시간으로 제어할 수 있다. 실제로 A100 같은 GPU는 초당 약 400-500줄 정도의 에너지를 소모하는 데 반해, 인간의 뇌는 20줄 정도의 에너지만 소모할 뿐이다. 이는 저전력으로 더 효과적으로 작동할 수 있는 인공지능의 개발 방향에 있어 분명 많은 통찰을 준다. 또한 심층신경망 기반의 딥러닝(deep learning)이 앞으로도 변치 않을 인공지능 기본 단위로 활용된다는 보장도 없으며, 트랜지스터 같은 전자식 스위치 기반 반도체가 지능의 고도화된 처리에 적합한 궁극적인 소자라는 보장도 없다. 상상력을 하나 더 보태보자면, 초인공지능이 마

인공지능과 인간의 뇌는 정보 처리 방식에서 기능적 유사성이 있으나, 인간의 뇌는 비선형적이고
에너지 효율적인 구조를 갖춘 반면, 인공지능은 선형적 알고리즘 기반으로 작동하며 진화 과정이나
의미 생성 면에서 본질적 차이를 지닌다.(출처: i-stock)

침내 실현되고, 인류가 지능을 이해하는 폭이 훨씬 넓어진다면, 먼 미래에 혹시라도 인류가 지능을 가진 외계 생명체와 조우했을 때, 그 생명체의 지능을 이해하는 데에 도움을 줄지도 모른다.

베넷은 지능의 빅 히스토리를 통해 진화생물학, 신경과학, 비교심리학, 인공지능의 다양한 분야를 섭렵하며 유비와 비교 사례를 제시한다. 이러한 연계는 독자들에게 흥미로운 생각 소재를 던져 준다. 저자가 밝히듯, 이 책은 자신의 지적 궁금증을 해소하기 위해 쓴 책이기도 하므로, 비슷한 호기심을 가진 독자들에게도 즐거운 지적 자극과 함께 짧은 학문적 모험을 제공할 수 있다. 다만, 보다 깊은 학문적 이해로 들어가고자 하는 독자에게는 다소 의미 전달이 불명확하거나 지나치게 비유에 의존하는 부분, 그래서 오류로 연결되는 점은 불필요한 혼란을 줄 수도 있다.

지능에 대한 탐구는 아마도 인류가 평생 추구해야 하는 숙원일지도 모른다. 저자가 말했듯, 인간의 뇌가 생각을 위해 진화하지 않았다면, 앞으로 어떤 방향으로 지능이 진화할지 탐구하는 것은 연구자의 몫이겠지만, 상상은 모두의 몫이다. 서리북

권석준

본지 편집위원. 성균관대학교 화학공학부, 반도체융합공학과, 미래에너지공학과, 양자정보공학과 교수로 재직 중이다. 주로 계산과학, 인공지능과 물리학을 융합하여 새로운 반도체 소자, 소재, 공정에 대한 연구를 하고 있다. 저서로 『반도체 삼국지』, 『차세대 반도체』(공저) 등이 있다.

📖 컴퓨터공학자 제프 호킨스는 '지능이란 무엇인가'의 질문에 답하기 위해 뇌에서 지능이 생성되는 원리부터 인공지능으로의 확장을 탐색한다. 맥스 베넷의 책과 비슷하면서도, 이 책은 보다 기계적 지능에 대한 탐구에 집중하는 양상을 보인다. 저자는 지금까지의 인공지능에는 진정한 의미의 지능이 없다고 주장하면서, 앞으로의 초인공지능이 갖는 의미가 무엇이 될지를 탐색한다. 저자가 주장하는 초인공지능이 맥스 베넷이 주장하는 지능의 진화의 끝판왕이 될지 여부를 우리는 이 책을 통해 비교해 볼 수 있다.

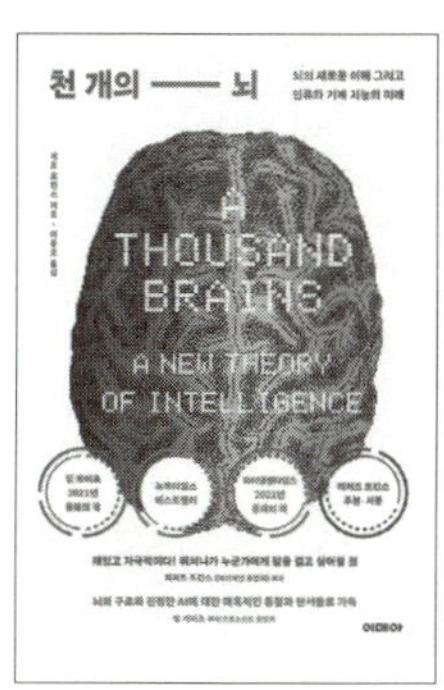

『천 개의 뇌』
제프 호킨스 지음
이충호 옮김
이데아, 2022

"뇌는 예측 모형을 만든다. 이것은 뇌가 끊임없이 입력의 결과를 예측한다는 뜻이다. 예측은 뇌가 이따금씩 하는 일이 아니다. 예측은 멈추지 않고 계속 일어나는 뇌의 고유한 속성이고, 학습에서 필수적 역할을 한다. 뇌의 예측이 입증되면, 그것은 뇌의 세계 모형이 옳다는 것을 의미한다. 예측이 빗나가면, 우리는 오류에 주목해 모형을 수정한다."
"지식에서 어려운 부분은 사실을 진술하는게 아니라, 사실을 유용한 방식으로 나타내는 것이다." — 책 속에서

📖 이 책은 인공지능의 핵심인 딥러닝의 작동 원리와 역사를 설명하는 책이지만, 더 중요한 내용은 이러한 알고리즘이 하나의 방향으로 수렴하여 마스터 알고리즘으로 갈 수밖에 없음을 전망하고 있다는 것이다. 이 책이 나온 지 10년이 되었고, 저자의 예측처럼 인공지능은 이제 딥러닝을 넘어 트랜스포머 기반의 생성형 모델, 파운데이션 모델로 수렴진화하는 양상을 보인다. 마치 이러한 진화는 저자가 언급한 마스터 알고리즘의 출현을 직접적으로 보여주는 것 같은 인상도 준다. 맥스 베넷이 주장한 지능의 진화가 어떻게 기계학습 분야에서 실현되고 있는지를 생생하게 기록한 이 책에서 지능의 진화에 방향성이 정말 존재하는지를 엿볼 수 있을 것이다.

『마스터 알고리즘』
페드로 도밍고스 지음
강형진 옮김, 최승진 감수
비즈니스북스, 2016

"사람들은 컴퓨터가 너무 똑똑해져서 세상을 지배할 거라고 걱정하지만, 실제로 나타난 문제는 컴퓨터가 너무 멍청하고 그런 컴퓨터가 세상을 지배하고 있다는 것이다."
— 책 속에서

『나라를 위해서 일한다는 거짓말』
노한동 지음
사이드웨이, 2024

공무원은 나라를 위해서 일하고 싶다

오서정

내가 기획재정부에서 근무를 시작했던 2000년대 후반만 해도, 행정고시를 거쳐 중앙 부처에서 일하던 누군가가 퇴사한다는 소식은 동료들에게 신선한 화제였다. 공직을 그만둘 정도라면 어떤 파격적인 조건으로 이직하는지, 혹은 무슨 남다른 개인 사정이 있는지 모두의 관심을 끌고는 했다. 그러나 이제는 사무관 한두 명의 퇴사가 더 이상 새삼스러운 일이 아닌 듯하다. '공무원 퇴사 러시', '사무관 대탈출'과 같은 기사가 낯설지 않은 시대가 된 것이다. 노동 시장에서 직장을 옮기는 일은 대수롭지 않은 일상이지만, 공무원들의 잇따른 퇴사는 여전히 의문을 자아낸다. 경기 침체와 구조 조정의 위험에서 자유롭다는 막대한 혜택을 왜 스스로 걷어차고 떠나는지, 그리고 오랫동안 우리 사회에서 선망의 직업으로 여겨졌던 자리를 왜 마다하는지 궁금증을 불러일으키기 때문이다.

기획재정부의 경우, 2024년 한 해에만 8명의 사무관이 퇴직했다. 당시에 다음해부터는 퇴직자 수가 두 자릿수에 진입할 것이라는 예측이 돌았다. 특히 저연차 사무관들이 퇴직 후 주로 로스쿨

노한동은 공직 사회의 비효율적이고 불합리한 체계와 관습이 공직자를 무기력에 빠뜨린다고 말한다.
(출처: Unsplash)

진학을 택하는 경우가 많아, 법학적성시험(LEET)이 있는 주간이면 고참 사무관들 사이에서 '각 부서 막내 사무관들의 동향을 주시해야 한다'는 씁쓸한 농담이 오갔다.

어느 조직에서든 퇴사는 마음속에 품을 수는 있어도 입 밖으로 꺼내기는 어려운 이야기이다. 그러나 오늘날 중앙 부처에서는 퇴사 고민이 더 이상 대단한 일도 아니며, 오히려 많은 이들이 공감하고 때로는 격려하는 정서가 되어버렸다. 과연 무엇이 이 같은 변화를 불러온 것일까?

가짜 노동의 일상화

노한동의 『나라를 위해서 일한다는 거짓말』은 오늘날 공직 사회가 직면하고 있는 구조적 한계를 저자의 생생한 경험을 토대로 조명한다. 핵심 업무에 쏟아야 할 역량을 고갈시킬 만큼 집요하고 광범위한 업무 체계의 비효율성과 불합리성, 그 과정에서 관료들이 내면화하게 되는 무력감과 좌절, 그리고 반복되는 정책 실패의 순환을 설득력 있게 보여 준다.

저자는 행정고시를 거쳐 문화체육관광부 5급 공무원으로 임용된 후, 출판 콘텐츠 해외 진출, 프로 스포츠 활성화, 음악 저작권 등 다양한 영역에서 10년간 실무를 담당했다. 문화계 블랙리스트, 호날두 노쇼 사건 등 대중에게 익숙한 이슈들이 등장하고, 여기에 저자의 뛰어난 문장력이 더해진 이 책은 누구나 흥미롭게 읽을 수 있는 책이다. 그러나 저자는 단지 정책 결정 과정의 비하인드 스토리만을 나열하지 않는다. 출간 당시 공무원 사회에 적지 않은 반향을 일으킨 것도 이 때문이다. 기존의 공직 관련 서적들이 주로 공직자의 올바른 소명 의식과 덕목, 국가 발전에 기여한 자랑스러운 경험 위주였던 것과 달리, 이 책은 현재 공무원 사회가 당면한 현실을 보다 적나라하고 분석적으로 드러낸다.

저자는 공직 사회의 위기 원인 중 하나로 공무원들이 "가짜 노동"(265쪽)에 끊임없이 시간과 에너지를 소모해야 하는 문제를 지적한다. 가짜 노동은 쉽게 말해 부가 가치가 없는 노동을 뜻한다. 실제 중앙 부처 공무원들은 항상 과중한 업무에 시달린다. 야근은 일상이고 주말 출근도 빈번하며, 연휴를 온전하게 쉰 기억조차 드물다. 퇴근 후에도 누가 언제 급하게 찾을지 몰라 휴대폰을 곁에 두고 수시로 메시지를 확인하는 것은 중앙 부처 공무원들의 공통된 직업병이다. 하지만 공무원이 아닌 누군가가 왜 그렇게 바쁜지를 물으면 명쾌하게 설명하기 막막할 때가 많다. 냉정하게 따져보면, 하지 않아도 국민 생활에는 큰 영향도 없을 일들 때문인 경우가 많다.

노한동은 가짜 노동의 대표적 사례로 국회가 있기 전날 의원실 질의서 입수와 답변 작성을 위해 밤늦게까지 이어지는 대기, 동일한 내용을 보고 대상에 따라 버전만 바꿔 반복 작성하는 자료들, 각본이 짜인 현장 간담회 등을 예로 든다. 비록 이러한 업무를 완전히 제거하기는 어렵더라도, 업무의 대부분이 가짜 노동으로 채워지는 시스템이 지속될 때 공무원들은 큰 좌절감을 느끼게 된다. 저자는 가짜 노동에 에너지를 소진해야 하는 공무원들에게는 국민의 삶을 실질적으로 개선할 정책을 구상할 여력, 즉 진짜 노동을 위한 시간과 기력조차 부족해지고, 이것이 결국 정부 전체의 역량 저하로 이어진다고 비판한다.

이 책의 많은 부분은 이러한 비효율적인 업무 관행을 날카롭게 분석하는 데 할애된다. 다만 유념할 점은, 이것이 공무원 조직에만 국한된 현상은 아니라는 사실이다. 민간 기업이나 국제기구 등 관료제적 구조를 지닌 여타 조직에서도 불필요한 업무가 본질적 업무를 압도하는 현상이 빈번하게 발생한다. 승진이나 보직 배치 또한 업무 능력과 성과보다는 권한 있는 상급자를 얼마나 가까이에서 보좌했는지가 결정적 영향을 미치는 경우가 적지 않다. 따라서 공직 사회 내 업무의 비효율성과 불합리함이 정부의 역량 저하로 이어진다는 점은 분명하지만, 그것이 위기의 근원적 원인이라는 진단은 완전히 동의하기는 어렵다.

정책 결정 권한의 약화와 정부 위기

저자가 정부 무능을 가져오게 된 또 다른 요인으로 지적하는 것은 관료들의 정책 결정 권한이 과거에 비해 약화되었다는 것이다. 사실 이 점이야말로 오늘날 공직 사회를 위기에 처하게 한 근저의 변화라고 할 수 있다. 관료들이 한국의 경제 발전 과정에서 핵심적 역할을 수행했다는 사실은 부정하기 어려울 것이다. 그러나 민간 부문과 시장경제의 성숙에 따라 정부가 주도적으로 해결할 수 있는 사회 문제의 범위는 점차 줄어들고 있다. 여기에 국회와 대통령실 등 선출직 중심의 기구들이 정책 결정에서 차지하는 비중이 커지면서, 관료제 중심의 전통적인 정부의 권한은 더욱 축소되었다. 정책 결정에 있어 행정부 권한의 약화는 그 자체로서 공직 사회에 혼란을 가져오는 동시에 앞서 지적한 관료제적 조직에 내재한 비효율성을 더욱 극대화하는 악순환을 가져온다.

그런데도 정부에 대한 사회적 요구는 오히려 증가하고 있다. 사회 변화의 속도가 빨라지면서 해결해야 할 새로운 문제가 끊임없이 등장하고, 정부는 이에 부응해 더 높은 빈도로 각종 대책을 내놓아야 하는 상황에 직면한다. 정부의 정책 수단이 매우 제한적이거나 심지어 정부가 나서야 하는 일이 아닌 경우에도 최선을 다해 대응하는 모습을 보여야 할 때도 있다.

이러한 구조적 한계는 저자가 비판하는 가짜 노동을 유발하기 쉬운 환경을 조성한다. 나아가 이러한 업무가 일상화되면, 오히려 가짜 노동을 능숙하게 수행하는 사람이 인정받는 왜곡된 인센티브가 서서히 자리 잡는다. 공익을 위해 일하겠다는 포부를 품고 낮은 보수와 과중한 업무를 감수하며 공직을 선택한 이들은 점차 이상을 잃고, 정책 입안자로서의 역량을 키울 기회와 여력을 갖기조차 어려워진다. 여기에 더하여 환경 변화에 유연하게 대응하지 못하는 조직 운영 방식은 문제를 더욱 심화한다. 저자가 지적하듯이, 특정 분야에 대한 전문성 축적은 오늘날 공무원들에게 중요한 인센티브로 작용하고 있음에도 불구하고 여전히 지배적인 인사 시스템은 순환 보직 원칙을 중심으로 운영되고 있다.

나는 정치 영역이 충분한 문제 해결 역량을 갖추지 못한 상황

2025년 5월 13일, 김영록 전라남도지사가 실국장 정책회의를 주재하고 있다.
(출처: 전남 도청)

에서, 관료들에게 더 실질적인 정책 결정 권한을 보장해야 한다는 저자의 주장에 공감한다. 다만 여전히 남는 질문은 과연 누가 이러한 개혁을 이끌 것인가 하는 점이다. 희망적인 것은 공무원들이 높은 문제의식을 가지고 내부에서 변화를 이끌려는 노력이 나타나고 있다는 사실이다. 예를 들어, 기획재정부는 인공지능을 적극 도입해 공무원들이 핵심 업무에 집중하고 전반적인 업무 비효율성을 줄일 수 있는 환경을 조성하고자 하고 있다. 또한 인사 제도에 있어서도 저자가 제시한 방향과 유사하게 부서 간 경계를 넘어 유사 직무를 경험하며 전문성을 높이는 방안도 운영하고 있다. 그러나 이러한 자체적인 노력이 아직 변화를 이끌 만큼 충분하다고 보기 어려우며 기관장 변동 등 상황에 따라 언제든지 주춤할 수 있다는 불확실성도 존재한다.

변화의 동력은 안과 밖 모두에서

이 책은 얼핏 제한적으로 보이는 공직 사회라는 공동체 안에서 벌어지는 현실을 보여 준다. 그래서 일차적으로 이 책에 관심을 가질 독자는 공무원들일 것이다. 비록 매일 직접 경험하고 있음에도 불구하고 늘 업무에 치이는 공무원들은 자신이 느끼는 좌절감의 근본 원인이 무엇인지, 그리고 무엇을 어떻게 바꿔야 하는지 선명하게 인식하기 어려울 때가 많다. 이 책은 그 막연했던 문제의 실체를 명확하게 드러내고, 이를 통해 변화의 가능성을 다시 모색할 기회를 제공한다.

하지만 나는 이 책이 무엇보다도 일반 국민에게 널리 읽히기를 바란다. 민주주의의 원칙에 비추어 행정부의 진정한 주인은 국민이다. 공직 사회의 문제를 단편적인 사건 중심의 반응에 그치지 않고 구조적인 원인과 제도적 한계에 대한 비판으로 이어갈 때, 비로소 건설적인 변화의 가능성이 열릴 수 있다. 이러한 비판은 정부를 위축시키기 위한 것이 아니라, 오히려 행정부가 본연의 책무를 성실히 수행할 수 있도록 돕는 든든한 외부 동력이 될 수 있다.

이 책의 많은 내용에 공감하는 만큼, 나는 이 책의 효용성이 오래가지 않기를 바란다. 저자가 그려낸 문제 상황이 개선되어 이 책이 시의적절했던 경고로만 기억되기를 바라기 때문이다. 저자처럼 안정된 공직을 떠나는 이들이 있다는 것은 가치 있는 일을 향한 열정이 살아 있다는 증거이기도 하다. 그리고 지금 이 순간에도 그러한 열정을 품은 수많은 공무원이 제도적 제약 속에서 자신의 역량을 충분히 발휘하지 못한 채 일하고 있다. 만약 그들에게 적절한 인센티브와 권한이 주어진다면, 이들은 분명 우리 사회의 변화를 이끄는 중요한 원동력이 될 것이다. 이들의 잠재력이 발현할 수 있는 환경을 조성하는 일은, 행정의 개선을 넘어 우리 사회의 지속 가능한 발전을 위해 중요한 과제일 것이다. 서리북

오서정

성균관대학교 글로벌리더학부 및 국정전문대학원에서 조교수로 재직 중이다. 2008년 행정고등고시 (5급 공개경쟁채용시험) 재경직에 합격하여, 기획재정부에서 2010년부터 2024년 8월까지 근무했다.

📖 서울시에서 30여 년간 일하며 시민의 삶과 가장 가까운 현장에서 일해 온 저자가 공적 가치에 대해 고민한 내용을 담은 책이다. 공적 가치를 추구하는 공무원으로서의 신념을 엿볼 수 있을 뿐만 아니라 자신의 삶의 방향과 가치를 고민하는 이들에게도 성찰의 계기를 제공한다.

"승진을 최우선 가치로 두고 일하는 '공무원'을 뛰어넘어 시민을 생각하면서 자신이 배우고 정립한 행정철학을 현장에 접목하려는 '행정가'가 되려는 노력, 행정의 '정수(Arte)'를 추구하여야 한다." — 책 속에서

『높이 오르지 않아도 꿈꿀 수 있는 이유』
김정선 지음
북랩, 2025

📖 조직이 성장하면서 점차 경직되어 가는 과정을 분석하고, 혁신적인 조직의 특성을 물리학 개념에 비유하여 흥미롭게 풀어낸 책이다. 한국 정부가 현재 직면한 경직된 조직 문화에 대해서도 깊은 통찰을 제공한다.

"스타트업 사업가들은 대기업이 자주 실패하는 이유가 대기업형 사람들이 보수적이며 리스크 회피적이기 때문이라고 말한다. (······) 하지만 그 대기업형 사람을 스타트업에 한번 넣어보라. 그런 연관성은 끊어지고 그는 아주 과격한 아이디어를 옹호하려고 테이블을 쾅쾅 내리칠 것이다." — 책 속에서

『룬샷』
사피 바칼 지음
이지연 옮김
흐름출판, 2020

반론

《서울리뷰오브북스》는 지난 12호(2023년 겨울) '특집 리뷰: 인공지능, 어디까지 왔고 어디로 가는가'에서 『AI 빅뱅』(동아시아, 2023)을 다룬 권석준의 「미학과 철학의 기준으로 재평가하는 생성형 인공지능의 운명」를 게재했다. 그 후 『AI 빅뱅』의 저자인 김재인이 반론의 의사를 전해 옴에 따라 「제대로 읽지 않고 서평을 써도 되는가: 권석준의 논평에 대한 반박」을 싣는다. 또한, 이 반론문을 읽고 권석준 또한 재반론의 의사를 보임에 따라 재반론문 「새로운 기술 혁신 탐험의 동반자로서의 철학: 『AI 빅뱅』 서평에 대한 김재인의 반론에 부쳐」를 이어 싣는다.

[편집자]
《서울리뷰오브북스》는 지난 12호(2023년 겨울) '특집 리뷰: 인공지능, 어디까지 왔고 어디로 가는가'에서 『AI 빅뱅』(동아시아, 2023)을 다룬 권석준의 「미학과 철학의 기준으로 재평가하는 생성형 인공지능의 운명」를 게재했다. 그 후 『AI 빅뱅』의 저자인 김재인이 반론의 의사를 전해 옴에 따라 「제대로 읽지 않고 서평을 써도 되는가: 권석준의 논평에 대한 반박」을 싣는다. 또한, 이 반론문을 읽고 권석준 또한 재반론의 의사를 보임에 따라 재반론문 「새로운 기술 혁신 탐험의 동반자로서의 철학: 『AI 빅뱅』 서평에 대한 김재인의 반론에 부쳐」를 이어 싣는다.

제대로 읽지 않고 서평을 써도 되는가: 권석준의 논평에 대한 반박

김재인

권석준(이하 평자)은 2023년 5월에 출간한 내 책 『AI 빅뱅』에 대해 《서울리뷰오브북스》 12호에 「미학과 철학의 기준으로 재평가하는 생성형 인공지능의 운명」*이라는 서평을 썼다. 당시 나는 이 글이 서평으로서의 자격을 갖추지 못했다 생각했고, 그래서 별다른 논평을 하지 않았다. 독자들이 알아서 비교 평가할 수 있으리라 여겼기 때문이다. 그런데 2025년 2월에 출간한 내 책 『공동 뇌 프로젝트』에 대해 평자는 책을 읽지도 않은 상태에서 페이스북 글을 통해 이 책이 "갑갑하다"며 "'기승전인문학'류의 고루한 주장"은 그만 보고 싶다고 논평했다. 나는 무엇보다 책을 읽지 않고 서평을 쓴 용기에 놀랐다. 나의 주장은 평자가 개괄한 내용이 전혀 아니었기 때문이다. 아울러 평자의 『AI 빅뱅』 서평이 떠올랐다. 거기서도 평자는 내가 하지 않은 얘기, 혹은 내가 한 얘기의 반대되는 얘기를 쟁점으로 논평했다. 나는 그런 지점이 매우

---

* 권석준, 「미학과 철학의 기준으로 재평가하는 생성형 인공지능의 운명」, 《서울리뷰오브북스》 12호, 2023년 겨울. 이하 쪽수만 표시.

유감이었고, ‘이공계 학자는 책을 읽지도 않고 서평을 써도 되는가?’ 하는 의문을 품지 않을 수 없었다. 아래에서는 이 문제를 다루도록 하겠다.

나는 『AI 빅뱅』에서 현재 유행하는 초거대언어모델(Large Language Model, LLM)의 한계를 ‘원리’의 수준에서 지적했다. 가령 챗GPT(현재는 이와 유사한 제미니, 클로드, 딥시크 등으로 파생함)의 뼈대는 주지하듯 트랜스포머(Transformer)이고, 트랜스포머는 자연어 처리, 더 정확히 말해 번역을 위해 고안된 모델이다. 즉, 언어 모델 기반 AI는 모두 번역을 잘한다는 1차 목적에 복무하며, 여기에 덧붙여 일정한 단어(토큰)가 주어질 때 그다음 나올 단어(토큰)를 예측하는 일 말고는 별로 할 수 있는 일이 없다. 이 경우에도 ‘환각(hallucination)’ 혹은 ‘헛소리(bullshit)’로 알려진 문제를 원리상 해결하기 어렵고(애초 진실을 목표로 하지 않았기 때문), 따라서 이 문제를 풀기 위해 다양한 기술적 시도(RAG, RLHF, Human in/over the Loop, Search 등)가 이어지고 있지만 여전히 해결은 난망하다. 언어 모델은 데이터베이스도 아니고 검색엔진도 아닌 까닭이다. 나아가 언어 모델은 언어 외의 문제를 언어와 짝짓는 형태로 해결하려 시도한다. ‘멀티모달(multi-modal)’이 그것인데, 현재까지의 멀티모달은 엄밀한 의미의 멀티모달이 아니다. 왜냐하면 언어 외의 다른 모달(시각, 청각, 음성, 코드, 동영상 등)은 언어를 매개하지 않으면 안 되기 때문이다. 그래서 메타의 수석과학자 얀 르쿤은 ‘세계 모델(World Model)’을, 스탠퍼드 대학교의 페이페이 리는 ‘공간 지능(Spatial Intelligence)’을, 심지어 엔비디아의 CEO 젠슨 황마저 ‘물리 AI’를 요청하고 있다. 이들은 모두 언어 모델의 한계를 명확히 인식하고 있고, 그 대안을 찾고자 한다. 물론 트랜스포머가 AI의 유일한 토대는 아니며, 다른 접근도 있을 수 있고 또 실제 개발되고 있기도 하다. 이 부분은 현

논의의 본령이 아니기 때문에 논의를 유보하겠다.

　평자는 나의 견해를 완전히 모순된 두 방식으로 요약한다. 평자에 따르면, 내 책은 "'언어만이 인간을 이해하는 길이므로' 언어 모델의 한계가 있음을 지적"(103쪽)하고 있다. 그리고 이런 "주장은 글쓴이의 자의적인 해석에 따른"(103쪽) 것이라고 비판한다. 나아가 "인간의 언어 안에만 인간의 사유 방식을 가둬 둔다는 인식"(104쪽)은 한계가 있다면서, 수학과 과학, 감각 같은 비언어적 수단도 얼마든지 있다고 반박한다.(104-105쪽) 다른 한편 평자에 따르면 "글쓴이의 주장대로 언어가 인간의 모든 사유 방식을 담아낼 수 있는 것은 아니다."(105쪽) "실제로도 글쓴이는 단단한 논리로 '존재론적 관점에서 언어 모델 한계'를 계속 붙들고 독자들에게 끈기 있게 소개"(107쪽)한다. 자, 나는 '언어만이 인간을 이해하는 길'이라고 주장하는가, 아니면 '언어가 인간의 모든 사유 방식을 담아낼 수 없다'고 주장하는가? 이 둘은 양립 가능하지 않다. 그런데 평자는 내가 이 두 주장을 동시에 한다고 이해하며 비판한다. 내 책을 읽은 것인지 되묻지 않을 수 없는 지점이다.

　나아가 평자가 내 책을 읽지 않았다고 확신하게 해주는 다른 지점도 이 부근에서 발견된다. 평자는 "인간의 언어는 자연어만 있는 것이 아니"(105쪽)라면서, 수학, 과학, 감각 등을 열거한다. 나아가 내가 "자연어에 국한해 언어가 인간과 세상에 대한 부정확하고 불충분한 표상"이어서 언어 모델의 한계를 지적한 것은 "논리적 오류"라고 비판한다.(105쪽) 그런데 나는 『AI 빅뱅』에서 '확장된 언어'를 일관되게 주장했다. 즉, 자연어에 덧붙여 수학, 과학, 기술, 디지털, 예술을 언어로 이해하고, 이것을 교육하는 것이 새로운 '교육 인문학'이 담당할 몫이라고 했다. 그것이 평자가 서평에서 다루지 않은 『AI 빅뱅』 5장과 6장의 주장이다. 나아가

『공동 뇌 프로젝트』는 이 주장을 더 깊게 밀고 나갔다. 평자가 책을 읽지 않고 서평을 썼다고 단언하는 근거이다.

　이처럼 평자는 『AI 빅뱅』의 가장 중요한 두 가지 논제를 잘못 읽었다. 『AI 빅뱅』은 2024년 교육부와 한국연구재단의 학술연구지원사업 우수성과 50선(인문사회 26, 이공 20, 한국학 4)에 선정되어 '부총리 겸 교육부장관' 상을 수상했다. 평자의 해석대로라면, 교육부와 한국연구재단은 엉터리 책에 시상한 셈이고 세금을 낭비했다. 수상자로서 말하기 민망하지만 나는 교육부와 한국연구재단의 심사가 공정했다고 생각한다.

　이제 다른 논점을 몇 가지 짚고 싶다. 평자는 공학자로서 훌륭한 연구와 저술 활동을 보여 주고 있으며, 이 점에서 한국 사회의 동량이다. 나는 철학자로서 항상 원리의 수준에서부터 사태를 보는 관점을 훈련했다. 둘의 연구 영역과 방식이 달라서인지 몰라도, 앞에서 지적한 사항 말고도 큰 이견이 생겨난다. 평자는 내가 "과학과 기술에 대한 공부가 충분히 이루어지지 않아"(113쪽) 오해했다고 여러 차례 지적하며, 특히 내가 "특정 철학 사조에 입각한 일방적인 주장"(109쪽)을 했으며 "교조화되어 성급한 결론"(113쪽)에 이르렀다고 비판한다. 내가 기술을 잘 이해하고 있다고 말하는 것은 기술자에 대한 오만이다. 하지만 기술자가 말한 것을 이해하려 노력해서 상당수의 기술자가 동의하는 내용(가령 얀 르쿤, 페이페이 리 등의 관점)을 말하는 부분까지 비판받을 이유는 없다. 더욱이 평자는 다분히 공학자스럽게 기술의 미래에 대한 낙관적 전망에 근거해 주장을 펼친다. 조만간, 미래에는, 잘 될 것이라는 말인데, 이런 부분들은 논쟁의 지점이 아니라고 본다. 미래는 아무도 모르기 때문이다. 게다가 '특정 철학 사조' 운운한 것은 연구 인문학 전체에 대한 모독이다. 인문학은 아무 말이나 던지는 활동도 아니고 두루뭉술하게 서로 양립하는 주장의 모임도 아니다.

끝으로, AI를 둘러싸고 현재도 계속되고 있는 두 가지 쟁점을 짚어 보겠다. 첫째 쟁점은 창의성이다. 평자는 "기존의 패턴을 학습하여 새로운 지식과 정보를 창출하는 것만으로는 창의성 혹은 예술적 가치를 갖춘 작품을 인정하기 어렵다"(97쪽)고 내 입장을 요약한다. 하지만 기이하게도 평자는, 그렇게 보면 "인간의 지적 활동 중 상당수는 창의성이 없다고 평가할 수밖에 없다"(97쪽)고 내 입장을 곡해한다. 자연과학과 공학의 논문은 기존의 성과에 "벽돌 한 장을 더 얹는"(98쪽) 활동이지만 "모래 한 알에는 아무런 가치가 없어 보이지만, 모래 수십조 개가 모여서 모래성이 되면 가치가 생기는 것"(98쪽)이라는 것이다. 나는 벽돌 한 장을 더 얹는 작업을 폄하한 적이 없다. 오히려 『AI 빅뱅』 4장과 『공동 뇌 프로젝트』 2장에 보면 그것이 꼭 필요하다고 거듭 강조했다. 모든 창의적 산물은 '거인의 어깨' 위에서 이루어진다. 다만 여기에 '플러스 알파'가 필요하다는 것이 내 주장이었다. 평자가 내 책을 읽지 않은 것이 아쉬울 따름이다. 다음으로, 창작의 주체는 '평가'를 통해 성립한다는 내 주장에 대한 평자의 좁은 이해를 언급해야겠다. 나는 『AI 빅뱅』 프롤로그부터 창작 활동을 평가 행위와 동일시했다. '독 짓는 늙은이'의 예화로 이를 설명했다. 그런데 평자는 "창작자의 의도와는 무관하게 예술품으로 인정받고 그 가치가 높게 평가되는 경우는 부지기수로 생길 수 있다"면서 "겉으로는 무작위적으로 보이는 작품이 간혹 좋은 평가를 받고 감상자의 미적 기준에 합치되는 경우"라면 "인공지능도 미적 가치를 창출한 창작 주체로 인정해야" 한다고 주장한다.(101쪽) 평가(evaluation)란 가치를 부여하는, 혹은 끄집어내는 행위다. 가치란 주체 의존적이다. 즉, '나에게 좋다'거나 '나에게 나쁘다'라는 입장이 전제된다.

따라서 작가이건 감상자이건 그런 의미의 평가를 한다면 그가 바로 창작자인 셈이다. 나는 이를 부정한 적이 없으며, 오히려 강조했다. 하지만 평자는 "작가가 갖는 표현의 자유와 독자가 갖는 해석의 자유 사이의 밸런스 게임"(101쪽)이 중요하기 때문에, "'평가 공간'의 확장의 가능성과 가치를 뒤로한 채, 인공지능의 작품으로부터 예술성을 박탈하기 위해 오로지 창작자의 일차적인 비판 권한과 우선순위에 지나치게 많은 가중치를 부여"(102쪽)하고 있다고 비평한다. 위에서 설명했듯, 평자의 이런 의견은 내 주장에 대한 완전한 오해에서 비롯한다. 해석이 곧 창조라는 니체 철학의 기초부터 다시 언급할 필요는 없으리라.

둘째 쟁점은 일반인공지능(Artificial General Intelligence)이다. 필자는 "컴퓨터와 인간 뇌의 작동 방식이 '전혀' 다르다는 주장 역시 성급하다"(111쪽)면서, 생물의 신경망을 모방한 뉴로모픽 컴퓨터를 통해 폰 노이만 방식이 아닌 방식의 가능성을 언급한다. 이 주장을 반박할 이유는 없다. 왜냐하면 나는 폰 노이만 방식 컴퓨터가 인간 뇌와 작동 방식이 다르다고 주장했을 뿐이기 때문이다. 쟁점은 다른 데 있다. '인간 지능의 본질이 무엇'인지 모르면서 '인공으로 그와 같은 성질과 수준의 것을 조만간 구현할 수 있다'는 공학자들의 주장이 성급하다는 것이 나의 요점이다. 인간이 날 수 있게 된 것은 새를 모방해서가 아니라 새가 날 수 있는 원리인 유체역학을 활용해서라는 말로, 인간 지능을 모방하지 않아도 인공으로 지능을 구현할 수 있다고 공학자들은 주장한다. 하지만 유체역학에 대응하는 지능 일반을 모른 채로 구현할 수 있다고 주장하면 곤란하다. 공학자들은 과학적 태도로 생명에 겸손해야 할 것이다.

그 밖에도 답할 말이 많지만, 앞서 논의한 것들에 비하면 소소한 문제라서 생략하기로 한다. 이 글이 거칠게 느껴진다면, 그것은 철학과 인문학이 느낀 '모욕감' 때문이었다는 점을 끝으로 남긴다.

김재인
철학자. 경희대학교 비교문화연구소 학술연구교수. 서울대학교 미학과를 졸업하고 같은 대학교 철학과에서 박사학위를 받았다. 서울대학교 철학사상연구소, 고등과학원 초학제 연구 프로그램 등에서 연구원으로 일했고, 포스텍 융합문명연구원 《웹진X》 편집위원장을 지냈다. 지은 책으로 『인공지능의 시대, 인간을 다시 묻다』, 『AI 빅뱅』, 『인간은 아직 좌절하지 마』, 『공동 뇌 프로젝트』 등이 있다.

새로운 기술 혁신 탐험의 동반자로서의 철학: 『AI 빅뱅』 서평에 대한 김재인의 반론에 부쳐

권석준

김재인의 『AI 빅뱅』은 챗GPT가 2022년 12월에 출시된 이후, 2023년 1월부터 한국에 불어닥친 제2의 인공지능 열풍 속에서 출판되었다. 김재인의 책은 인공지능의 철학적 함의에 주목한 몇 안 되는 책이다. 단순히 '챗GPT는 이런 것이다', 혹은 '작동 방식은 어떻다' 유의 설명을 반복하는 책은 아니었다.

철학자로서 김재인은 예전부터 첨단 과학기술의 사회적 영향에 대한 관심을 기울여 왔다. 그가 특히 인공지능에 집중한 이유는, 이것이 사람의 언어, 즉 자연어를 기반으로 작동한다는 특징 때문일 것이다. 자연어 기반의 인공지능은 인공지능의 기술적, 과학적 함의는 물론, 인간 사유의 고유성, 그리고 그에 기반한 자의식에 대한 논의의 소재가 될 수 있으므로, 철학자 관점에서 인공지능 교양서를 쓸 정도의 주제가 되었던 듯하다.

김재인이 그의 책에서 고민했던 인공지능 문제는 환각(hallucination), 비판·평가 능력의 부재, 자의식의 한계, 언어 기반 사고의 한계, 예술성에 의미를 부여하는 것의 한계 등이었다. 이 문제들은 지금도 완전히 해결된 것은 아니다. 그러나 2023년 이후 불과 2년여 만에 우리는 챗GPT를 비롯한 인공지능 모델 개발사들이 얼마나 경쟁적으로 빠르게 거대언어모델 성능을 발전시켜 왔는지 잘 알고 있다. 특히 최근 몇 년간의 생성형 인공지능이 보여준 발전은 단방향으로만 진행된 것이 아니라, 환각 수정, 문헌 내용 크로스체크, 자기 수정(self-correction), 멀티모달(multi-modal) 추론, 메모리 잔류(memory retention) 기능 등으로 확장되면서 입체적으로 진행되었다는 점을 주목해야 한다.

　　어떤 기술이 충격적으로 등장해 사회적 관심을 폭발적으로 받을 때, 그 기술의 이면에 깔린, 아직 해결되지는 않았지만 해결될 것이라 충분히 예상 가능한 문제를, 성급하게 주목하여 논의가 무리하게 확장되는 것은 꽤 자주 보이는 현상이다. 2016년 알파고 쇼크 당시, 얼마나 많은 딥러닝(Deep learning) 관련 도서들이 쏟아져 나왔는지 기억해 보자. 챗GPT 같은 생성형 인공지능도 예외가 아니었다. 생성형 인공지능 등장 초기에 유명했던 '환각' 문제는 이제 2년 전 수준만큼 심각하지 않다. 여전히 대규모 모델에서 비표준 답변이 발생하는 경우에 가끔 관찰되지만, 이제는 100억 개가 기본 단위처럼 되어 버린 파라미터 공간에서 진행되는 심층 신경망 기반의 트랜스포머 시대에서는 그 빈도가 유의미할 정도로 줄어들었다. 거대 파라미터 공간에서 구현되는 생성형 인공지능 알고리즘의 학습과 추론은 이제 단순히 추론(inference)을 넘어, 합리적 논증(reasoning)으로까지 발전하고 있다. 여기서 말하는 추론이나 합리적 논증에서는 과거에 관찰되었던 환각이 대다수 억제된다. 인공지능이 스스로에 대해 내리는 평가 역시, 2년 전과는 달리 파인 튜닝(fine-tuning)*이나

---

* 사전 학습(pre-training)을 마친 대규모언어모델을 특정 목적·도메인에 맞춰 추가로 학습시키는 과정을 의미한다. 최근 화제가 된 중국의 인공지능 모델인 딥시크에서 집중적으로 활용되고 있다.

보상 모델(reward model)*의 고도화, 평가자 다중화 등의 방식이 도입되면서 해결되는 과정에 들어섰다. 멀티 모달 기능, 손동작이나 기호 등의 비정형 데이터 처리로의 확장 등을 통해 추론이 다차원화되면서 자연어 기반의 한계라고 지적된 인공지능 사유의 한계 역시 완화되고 있고, 인공지능이 생성한 정보는 예술성에 한계가 있다는 과거의 뉘앙스도 조금씩 희석되고 있다. 물론 이러한 진보가 인공지능 만능론으로 급하게 연결되는 것은 경계해야 하며, 인공지능 기술의 진보가 근본적인 문제 해결을 의미하는 것도 아니다. 그럼에도 불구하고 기술 발전 속도 자체가 갖는 의미와 초기에 지적된 문제의 꾸준한 해결 양상은 새로 등장하는 기술에 대해 끊임없이 모니터링하면서 재해석할 필요성을 잘 보여 준다.

안타깝게도 생성형 인공지능이 지난 2년여의 시간 동안 보여 준 입체적인 발전에 대해 2023년 저작에서는 물론, 원 서평에 대한 반박문에서도 김재인이 이를 충분히 숙고했다는 증거를 찾기는 어렵다. 이는 그가 최근 2년간 인공지능 기술의 발전 추세와 양상, 문제 해결 방식을 다루는 문서들을 숙지하지 못하고 반론을 시도했기 때문일 것이다. 물론, 사회가 보이는 호들갑과 학자들의 과한 우려를 후행적 시점에서 조롱거리로만 보는 것은 불공정하다. 또 당시의 시대적 환경을 고려하지 않은 채, 기술에 대한 몰이해를 이유로 기술 우월적 관점을 취하며 비판하는 것도 적절치 않다. 러다이트 운동을 통해 노동법에 대한 논의가 시작되었고, 증기 기관차에 대한 공포는 철도 안전과 교통 시스템 표준화의 논의를 이끌어 냈다. 전기 공포증은 전기 안전 논의가 전기의 보급 초반부터

---

* 보상(reward) 모델은 강화학습 과정에서 '어떤 행동(답변)이 더 좋은가?'를 점수 형태로 예측해 주는 전용 신경망이다. RLHF 학습 파이프라인에서 핵심 의사결정 역할을 한다.

동반될 수 있게 만들어주었다. 호들갑과 과한 우려는 어쨌든 기술의 발전·확산 과정에서 나름의 역할을 한 셈이다.

　　인공지능도 이러한 과거의 사례와 크게 다르지 않은 방향으로 가고 있다. 최근 사전 출판 논문 공개 사이트 아카이브(arXiv)에는 인공지능 모델이 IT 영역을 넘어, 다른 분야에서 야기할 잠재적 위험을 측정하는 방법론을 제안한 「전문가 평가에 의한 AI 위험성을 평가하는 벤치마크 데이터 매핑」*이라는 논문이 올라오기도 했다. 이 논문에서는 인공지능이 악의적으로 사용될 경우, 사이버보안 분야에서 얼마나 위험한 문제를 만들어 낼 수 있는지를 평가하는 벤치마크 데이터를 기반으로, 위험도 평가 정량 지표를 비교하고 제안했다. 논문에서는 사이버 보안 분야에 국한되어 있지만, 이러한 평가는 얼마든지 다른 영역으로 확장될 수 있다. 현 인공지능 기술 진보 추세가 실용적 가치에 쏠리는 것처럼 보이지만, 이제 커뮤니티에서도 제어의 관점에서 브레이크를 거는 시도를 하는 것이다. 이러한 논의는 새로운 기술이 빠르게 사회로 확산하는 과정에서 자생적으로 형성되는 안전성과 규제에 대한 고민이 인공지능에서도 나타남을 방증한다.

　　이러한 맥락에서 인공지능의 창의성 한계나 환각, 오류 등의 문제에 대한 『AI 빅뱅』의 논의는 기술적 함의를 충분히 이해하지 못한 채 성급하게 시도한 설익은 분석에 근거한 것이었지만 나름의 역할을 했다고 볼 수 있다. 철학자로서 그는 인공지능의 한계에 대해 경고 메시지를 사회에 먼저 보낸 셈이다. 그렇다고 해서 그가 설익은 판단과 비판을 한 것이 다 정당화되는 것은 아니다. 사실 가능하다면 지금이라도 개정판을 펴내는 것을 권고해야 할 것 같

---

* Murray, Malcolm et al., "Mapping AI Benchmark Data to Quantitative Risk Estimates Through Expert Elicitation", 2025, https://arxiv.org/pdf/2503.04299.

은 수준이다. 김재인이 인문학자로서의 전문성을 살려 인공지능의 사회적 영향을 평가하는 것은 당연히 필요하다. 그러나 그러한 평가가 결론으로 가면서 교육 분야에서 인문학의 역할을 새삼 강조하는 다소 식상한 주장으로 이어지는 시도는 안타까운 지점이기도 하다. 특히 지난 2년간 대학 교육에서 다양한 전공에 걸쳐 인공지능이 얼마나 다양한 형태로 활용되는지를 관찰할 수 있었다면 그 부분도 개정판에 포함하면 좋을 것이다.

　강조하지만, 나는 김재인이 『AI 빅뱅』 초판에서 보인 순발력과 학문적 시도가 의미 있다고 평가한다. 김재인의 시도는 인공지능에 대한 사회적 안전 장치를 마련함에 있어 커뮤니티를 대신하여 초기에 주의를 환기하는 방식으로 일종의 기여를 한 것이라 해석할 수 있다. 그럼에도 김재인의 의도와는 별개로, 『AI 빅뱅』에 대한 서평자의 비평이 갖는 정당성 자체가 사라지는 것은 아니다. 서평의 논점을 공유하기보다, 자신의 저작물을 제대로 읽지 않고 비평했다는 식의 반론 원고를 작성한 것은 여전히 학자로서의 그의 논의가 2년 전의 상태에서 크게 나아지지 않았음을 방증한다. 사실 『AI 빅뱅』의 논의는 2016년 알파고 사태 이후, 2017-2018년 사이 딥러닝의 충격을 받아들이는 과정에서 확인된 인공지능의 위력, 특히 논리적 추론이나 빠른 계산과 정보의 생성에 대해 적용되었다면 차라리 타이밍이 맞았을 것이다.

　마지막으로, 서평자가 자신의 책을 제대로 읽지 않았고 서평을 했다'는 식의 비판의 문장들은 논점 회피(Ad Hominem)라고 느껴졌다. 메시지가 아닌 메신저를 공격하는 것은 공격하는 측의 사유 깊이를 스스로 드러낼 뿐, 생산적 논의를 이어가기 어렵게 만든다. 이는 커뮤니케이션 끝단, 상호 간 안타까운 시간 낭비를 야기한다. 물론 김재인은 내가 자신의 저작을 저자의 의도대로 읽지 않았다고 생각할 자유는 있다. 그러나 당연하게도 원칙적으로는 모든 책이나 논설은 개인의 일기장이 아니다. 커뮤니티로 출판되는 순간부터는 자신만의 글이 아니라 사회가 소비하는 글이 된다. 그렇기 때문에, 서평자가 타인의 저작물을 어떻게 소화하는지는 온전히 서평자의 몫이다. 그에 대해 여전히 동의를 하지 않고 다시 반론을 펼치는 것도 당연히 원저자의 권리다. 그러나 그것이 인상 비평이나 논점 회피에 머문다면 그 권리는 지적인 논의의 틀 안에서는 제대로 활용된 것이라 이야기하기 어려울 것이다. 부디 이러한 논의들이 인상 비평이나 논점 회피나 메신저에 대한 얕은 비난으로 끝맺어져서는 안 된다. 보다 생산적인, 즉 철학만이 접근할 수 있는 인공지능에 대한 비판, 그를 넘는 새로운 관점과 제안, 이를 고려한 과학 기술자들의 응답과 생산적인 기술 진보 방향 검토로 이어지기를 바랄 뿐이다. 서리북

권석준

본지 편집위원. 성균관대학교 화학공학부, 반도체융합공학과, 첨단에너지공학과, 양자정보공학과 교수로 재직 중이며, 주로 계산과학, 인공지능과 물리학을 융합하여 새로운 반도체 소자, 소재, 공정에 대한 연구를 하고 있다. 저서로 『반도체 삼국지』, 『차세대 반도체』(공저) 등이 있다.

문학 · 에세이

서울
리뷰 오브
북스

뱃사람 신밧드와 짐꾼 신밧드

김만수

1

올해 대학교수로서의 정년을 맞아 연구실의 책들을 정리해야 하는 숙제가 생겼다. 15년 전쯤 높이 240센티미터 폭 6미터에 달하는 대형 책장을 주문해 짠 적이 있는데, 이걸 정리하는 것도 큰 숙제가 되었다. 집 안의 소파 하나 사는 데에도 몇백만 원을 쓴다는데, 연구실에 좀 크고 비싼 책장 하나 정도 쓸 수 있는 게 아니냐는 생각에 덜컥 책장을 짰는데, 퇴임이 가까워지자 처치하기 곤란한 물건이 되었다. 여기에서 얻은 교훈 하나. 인생은 그리 길지 않고, 책장은 15년이 지나도 멀쩡하다. 어쨌든 욕심껏 장만했던 책과 책장을 정리해야 할 순간이 되니 좀 마음이 산란하다. 다시 강조하지만, 인생은 짧고 책과 책장은 인생보다 더 길다.

책을 그냥 버릴 수 없어 몇 가지 원칙과 절차를 정했다. 먼저 나와 전공이 같은 후배들(같은 학회 소속)을 불러 전공에 가장 가까운 책들을 가져가게 했다. 그다음에는 대학원 제자들에게 필요한 책을 가져가게 했고, 나머지 책들은 중고등학교 때의 친구들을 불러 가져가게 했다. 학회의 후배들은 시중에서는 구할 수 없는 희귀 자료집이나 전집을 가져갔고, 대학원 제자들은 그간 잘 알려진 학계의 중요한 저서들을 가져갔고, 왕년의 옛 친구들은 시집, 소설집 등의 말랑말랑한 책을 가져갔다. 어쨌든 꽤 순차적으로 책을 잘 정리했다고 생각했는데, 역시 까다롭고 어려운 이론서와 학술서는 아무도 건드리지 않는다. 아깝긴 해도, 집 안의 좁은 골방으로 가져가기 힘든 책들은 버려질 듯하다. 정년을 앞둔 교수들에게 집안의 부인들은 집으로 책을 가져올 생각을 아예 하지 말라는 식의 경고를 하는 경우도 있는 듯하다. 사실 이런 경고는 다른 집에서만 일어나는 건 아니고, 나 또한 예외 없이 그런 눈총을 받아야 하는 처지에 가깝다. 내가 사랑하던 책들도 눈치를 받을 게 뻔하므로, 이런 푸대접을 피하려면 집으로 가져갈 책의 분량을 최소화해야 한다.

책에는 여러 다양한 범주가 있고, 나름의 운명이 있다. 내가 가진 책의 상당수는 직업(전공) 관련 서적이다. 문과대의 교수로서 문학, 역사, 철학에 대한 여러 형태의 기본서, 이론서, 교재, 논문집 등이 그것인데, 이것은 직장 근무가 끝나는 순간 그냥 버려질 책들인 듯하다. 둘째 유형의 책은 허세로서의 책이다. 이 책은 사지 않으면 안 될 것 같아 사 두었지만, 정작 펼쳐 보지도 못한 책들이 허다하다. 저자의 명성과 권위 때문에 사 두었지만, 아직 읽지 못한 책들. 정년 이후에 이 책들을 읽을 확률은 지극히 떨어지니 결국 버려질 수밖에 없다. 셋째 유형의 책은 내가 두 번 이상 읽은 책들이다. 두 번 이상 읽었으니 본전 뽑은 셈이지만, 한번 더 읽고 싶은 책은 결국 이 유형의 책들이다. 김소월에서 김수영까지의 시집, 이광수에서 황순원까지의 소설, 세계 각국의 신화와 민담집,『사기열전』에서『삼국유사』를 거쳐 곰브리치의『세계미술사』에 이르기까지의 각종 역사서, 버트런드 러셀이 쓴 두툼한『서양철학사』등은 30년 전에 읽은 것들이지만, 앞으로 두어 번 더 읽고 싶은 책의 목록들이다. 소유(have)로서의 책은 버려지고 존재(be)로서의 책만 남는 듯하다.

몇 년 전 크게 아픈 이후, 책을 읽는 일이 힘들어졌다. 정년을 앞두고 많은 책을 버리기로 작정한 이유도 여기에 있다. 그런데, 책이 없는 인생은 좀 허망하다. 그래도 많이 읽고 많이 쓰는 게 내가 살아야 하는 이유이기 때문이다. 그래서 결심한 게, 글을 읽을 수 없다면 글을 쓰자는 것이었다. 그래서 몇 년간 페이스북에 가끔 700자짜리 글을 올렸다. 700자는 스마트폰 한 화면에 넣을 수 있는 최대치의 분량인데, 딱 그만큼만 글을 쓰니 마음이 편했다. 더 길어지면 읽는 사람도 힘들고 글을 쓰는 나도 힘들다. 그런 짧은 글을 100여 개 쓰다 보니 그걸 묶어 책으로 내면 어떨까 싶어 출판사에 의뢰, 드디어 한 권의 책을 완성하게 되었다. 이제 논문이나 저서를 의무적으로 써야 할 필요가 없게 되었고, 그저 내가 즐길 수 있는 글만 쓰면 되겠다는 생각도 든다. 학자로서 성공하지는 못했지만, 이 정도면 하나의 인생이지 않나 싶어, 정년퇴임 인사 겸 마련한 이 책의 첫 장에는 다음 글귀를 넣어 학계의 선후배들이나 지인들에게 선물할 생각이다.

화이결실(花而結實) 낙화역생(落花亦生). 꽃 피우고 열매를 맺는 게 훌륭한 인생이고 모두 그처럼 꽃과 열매를 얻기를 축원하는 바이나, 떨어지는 꽃도 인생의 일부가 아닐 리 없다. 내 인생은 열매를 맺지 못하고 떨어지는 꽃에 가까웠지만, 그래도 내 인생을 꽃처럼 살 수 있어서 감사했다는 것. 그런 마음을 담아 전하고 싶었다.

낙화역생과 관련해서 제자를 만난 일이 떠오른다. 무릇 제자에는 세 제자(수제자, 애제자, 낙제자)가 있는데, 얼마 전 찾아온 제자는 박사과정 수료 무렵 결혼과 함께 연구실을 떠난 제자였다. 객관적으로는 낙제자에 해당하는 셈인데, 결혼 후 시댁에서 하던 사업을 물려받아, 적당한 속도로 사업체를 잘 키우고 있는 듯했다. 코로나로 인해 판로가 막힌 상황에서 인터넷 판매를 성공적으로 잘했다는데, 이게 바로 디지털을 강조하는 문화콘텐츠학과에서 배운 노하우 아니었나 싶어 약간 고무되기도 했다.

사람들은 어렸을 적에 읽은 『신밧드의 모험』을 '뱃사람 신밧드'가 바다에서 죽을 뻔한 위기를 여러 번 넘기고는 마침내 부자가 되는 이야기로 기억하는데, 사실 이 이야기는 '뱃사람 신밧드와 짐꾼 신밧드'로 읽어야 한다. 부자가 되어 돌아온 '뱃사람 신밧드'의 집에 동명이인의 '짐꾼 신밧드'가 있었던 것. 뱃사람 신밧드는 평생 등짐만 지고 날랐을 짐꾼 신밧드에게 나처럼 살아야 부자가 될 수 있다고 훈계한다. 배를 타는 것은 위험한 일이지만, 그래도 그런 위험을 감수할 수 있는 용기가 있어야 성공하고 부자가 될 수 있다는 것. 나는 연구실을 떠난 제자에게 너는 이제 연구실에서 평생 책이나 지고 살았을 '짐꾼 신밧드'에서 '뱃사람 신밧드'로 운명이 바뀌었고 오히려 그게 너의 길처럼 보인다고 말하니, 참 좋아한다.

훈계는 그 정도가 적당한데, 좋아하는 제자에게 좀 더 말을 보탰다. 사실 '짐꾼 신밧드'의 운명도 그리 나쁘지는 않다는 것. 바다로 모험을 떠난 사람들 절반쯤은 제명에 살지 못했을 것 아니냐. 내가 사랑하는 가족, 친구, 고향의 곁에서 짐이나 지고 살아가는 삶도 그리 나쁘지 않다는 것. 뱃사람이 한 명이면, 짐꾼은 열 명쯤 필요하지 않겠냐는 것. 뱃사람이 운명이라면, 짐꾼을 택하는 것도 운명이라는 것. 훈장은 여전히 근심이 많아 하지 않아도 될 훈계를 여러 번 거듭했다. 어찌 보면, 제자에게 던지는 말이 아니라 나를 향한 말이기도 했다. 나는 평생 책을 등짐처럼 지고만 살았고, 거기에서 보물이나 부귀영화를 얻지도 못했다. 그러나 짐꾼의 인생도 인생이니, 다시 '낙화역생(落花亦生)'을 외울밖에.

2

내가 속한 학과의 명칭은 문화콘텐츠문화경영이다. 문화 연구의 방법론을 최초로 제시한 것으로 알려진 영국의 문화 연구가 레이먼드 윌리엄즈는 '문화'를 가장 정의하기 어려운 단어 중의 하나라고 말한 적이 있는데, 나는 '문화'라는 개념을 한마디로 이렇게 정의한다. 나한테 좋은 것, 내가 속한 사회에 좋은 것, 더 나아가 지구상의 모든 삼라만상에 좋은 것이 바로 문화이며, 이는 'good(좋은 것)'이라는 한 단어로 요약할 수 있다.

그런데 그토록 좋은 문화가 대중들에게 외면받고 상품으로 실패할 경우도 적지 않으니, 우리 문화콘텐츠문화경영학과가 할 일은 문화, 즉 'good'에 해당하는 것에 's' 하나를 붙여 잘 팔리는 'goods(굿즈, 상품)'를 만드는 것임을 강조한다. 물론 말은 쉽지만, 문화를 상품화하고 산업화하는 일이 그리 간단하지는 않다. 그리고 여전히 내면의 나는 'goods'를 경멸하고 'good'을 강조하는 꼰대(?) 원칙주의자에 가깝다. 책을 만드는 출판문화 산업도 이런 운명에 놓여 있는 듯하다. '좋은 책'은 안 팔리고 대중들이 '좋아하는' 책은 빈약한 내용에도 불구하고 여전히 잘 팔린다. 좀 안타깝지만, 원래 그런 것 같기도 하다.

문화 산업이라는 용어가 처음 등장한 것은 막스 호르크하이머 (Max Horkheimer)와 테오도어 아도르노(Theodor W. Adorno)가 함께 쓴 『계몽의 변증법』(1944)에서이다. 나치즘이 맹위를 떨치던 시절, 독일의 프랑크푸르트에서 뭉친 몇몇 유대계 지식인들이 만든 그룹이 프랑크푸르트학파인데, 이들은 효율과 합리성이라는 가짜 이성이 문화마저 상품화, 산업화하고 있음을 비판한다. '문화'는 '산업'에 저항할 수 있는 마지막 보루인데, 문화마저 산업화하다니. 두 저자는 이러한 문화 산업에 저항하지 못하는 무기력한 순응주의자들에 대한 비판도 빠뜨리지 않는다. 그들은 요정 세이렌의 노래를 듣기 위해 자신의 몸을 돛대에 묶고 세이렌의 섬으로 접근하는 오디세우스조차 비판의 대상으로 삼는다. 스스로를 결박한 채 달콤한 노랫소리에 취해 있으면서도 삶의 무기력함만을 느낄 수밖에 없는 인간, 이런 인간 군상의 부조리한 국면이 바로 자본주의적 현실 속의 오디세우스가 표상하는 원관념이라는 것이다. 그들은 강력하게 주장한다. 문화는 결코 상품이 아니며 산업이 아니다. 문화는 달콤한 솜사탕이 아니라, 인간의 근본을 되돌아보게 만드는 근원적인 것이다.

그들의 주장은 경청할 만한 가치를 가지고 있지만, 우리는 어쩔 수 없이 문화와 산업의 관계에 대해 이중적이고 모순적인 태도를 보이는 단계에 이른 듯하다. 문화가 산업에 종속될 수는 없지만, 문화가 산업과 관련을 끊을 수도 없다는 것. 이런 이유에서 나는 수업 시간에 학생들에게 상인의 정신을 배울 것을 가끔 강조하기도 한다. 세상에 좋은 것(good)이 많은 듯하지만, 좋아하는 것(굿즈, goods)을 만들어야 성공한다는 것. 그에 대한 멋진 사례로 '저니맨(journey man)'을 예로 든다. 유럽 사회의 도제-장인 시스템은 10년 정도의 도제(apprentice) 과정을 거친 후 3년 미만의 저니맨 과정을 거쳐야 장인(Meister, Master)으로 인정받는다. 저니맨은 '여행자'로 번역하면 간단할 텐데, 내가 여행자 대신 굳이 '저니맨'이라는 외국어를 그냥 둔 이유는 그 역할이 특별해서이다. 저니맨은 도제 과정에 연마한 기술로 만든 제품을 팔기 위해 여행을 떠난다. 멀리 떨어진 고장에서 물건을 팔다 보면 뭔가 문제가 생기는데, 그 문제점과 해결 방안 등을 길드에 잘 보고하면 그때서야 '장인'으로 인정된다는 것이다. 예를 들어 춥고 건조한 지방에서 제작한 구두를 덥고 습한 지방에 가서 팔려고 하면 잘 안 팔릴 것이다. 그 현황과 개선 방안을 제시하는 것이 저니맨이 장인이 되기 위한 마지막 코스인 셈이다. 고객의 마인드를 읽으며 상인의 정신을 배울 것!

물론 그것이 전부는 아니라는 것. 아무리 세상이 바뀌어도 인간, 사회, 문화의 몫은 남겨 두어야 한다는 것. 책을 치우면서, 여전히 허전하기만 한 이유는 여기에 있을 것이다. 서리북

김만수

인하대 문과대 교수. 『스토리 리부트』, 『옛이야기의 귀환』, 『진달래꽃 다시 읽기』 등 10여 권의 책을 썼다. 신화와 민담 등의 중세적 형식, 시와 소설 등의 근대적 형식, 새로운 미디어와 온라인 플랫폼 등을 하나의 맥락에서 설명하는 일에 관심이 많다.

우리는 함께 읽기를 모른다

김새섬

문학 · 에세이

1. 독서 모임을 만들 때 모임을 이끌 모임지기를 구하는 일은 참여 멤버를 구하는 일보다 ( )배 어렵다.

2. 책의 두께가 2배로 증가하면 그 책을 함께 읽겠다고 신청하는 사람의 수는 ( )분의 1로 감소한다/[혹은] ( )배로 증가한다.

3. 다음 중 독서 모임을 가장 잘 이끌 사람은?
① 그 책을 쓴 사람
② 그 책을 만든 사람
③ 동네서점 주인
④ 도서관 사서
⑤ 학교 선생님
⑥ 일반 독자

4. 독서 모임에 참여한 사람들이 가장 좋아하는 이야기는?
(   )

2022년에 나는 저 문제들의 답을 전혀 알지 못했다. 온라인 독서 모임 플랫폼 '그믐'을 만들고 나서 2년 반 동안 한 문제 한 문제 천천히 풀이법을 배웠다(울면서). 지금도 내가 적어낸 답안이 아주 정확한지는 자신 없다. 하지만 그믐에서 2,100개가 넘는 독서 모임이 생기고, 1만 5,000명 회원의 글 19만 건을 지켜보기도 하고 분석하기도 했으니, 어떤 감각은 있다고 해도 괜찮을 것 같다.

먼저 1번 문제. 그믐에서의 정답은 '약 0.25배 어렵다'이다. 다시 말해 어떤 책을 읽자고 제안하는 사람을 찾는 건 의외로 그리 어렵지 않다. 그 제안에 따라서 책을 읽을 사람을 구하는 게 그보다 4배가량 어렵다. 이 문제를 풀기 어려운 것은 그믐처럼 누구나 모임지기가 될 수 있는 오픈형 플랫폼이 이전에 없었기 때문이다.

트레바리나 독파와 같은 독서 커뮤니티에서는 운영 주체인 플랫폼이 모임지기를 먼저 구하고, 그 다음에 모임지기와 함께 책을 읽을 사람을 모집한다. 모임지기에 해당하는 사람은 작가나 문화계 안팎의 유명 인사들이다. 대체로 모임지기의 인지도가 높을수록 참가 희망자의 수도 늘어난다. 플랫폼의 성공이 '얼마나 영향력 있는 모임지기를 구하느냐'에 달려 있다 해도 과언이 아니고, 실제로 이들 플랫폼은 모임지기 섭외에 대단한 정성을 쏟는다.

나는 그믐을 창업하기 전 트레바리 모임에 참여하며 독서 커뮤니티가 어떻게 운영되는지 살폈고, 트레바리 윤수영 대표로부터 직접 조언을 듣기도 했다. 그러면서 독서 커뮤니티에서 정말 중요한 것은 모임지기라고 생각했다. 오픈형 플랫폼을 구상하면서 나의 가장 큰 걱정은 '트레바리처럼 수익을 제공하는 게 아닌데도 과연 모임지기로 나서줄 사람이 있을까' 하는 것이었다.

베타 테스트를 석 달 남짓 하는 동안 모임지기를 맡아줄 사람들을 섭외하기 시작했다. 모임 한 건당 얼마가 적당할지 잘 몰라 사람들에게 물으며 알맞은 비용을 찾아갔다. 그런데 베타 테스트가 끝나기 전 누군가 자발적으로 모임을 열었다. 처음에는 믿기지 않아 지인이 장난치는 줄 알았다. 그 첫 외부 모임지기가 누구인지는 아직도 모른다. 이후에도 모임지기로 나서는 사람은 적지 않았다. 독서가들 사이에는 동네서점 개업에 대한 로망만큼이나 자기가 운영하는 북클럽에 대한 로망도 은근히 있는 것 같다.

정작 함께 책을 읽을 사람을 모으는 게 더 어려웠다. 진지한 독서가들은 놀라울 정도로 쿠폰 제공 같은 이벤트에 반응하지 않는다. SNS에서 커피 쿠폰을 뿌려서 가입시킨 회원들은 대부분 진지한 독서가가 아니라는 의미다. 독서 커뮤니티를 표방하는 스타트업들이 초기에 빠르게 회원을 모았다가 그만큼 빠르게 몰락하는 원인이기도 하다. 커피 쿠폰으로 가입시킨 회원들은 커피 쿠폰이 사라지면 떠나며, 커피 쿠폰을 받는 동안에도 진지하게 책 얘기를 하지는 않는다.

그믐은 정말 고통스러울 정도로 더디게, 정공법으로 진지한 독자들을 회원으로 모았다. 회원 수 1만 명이 넘었을 때쯤 그믐에서 독서 모임을 연 한 대형 출판사 마케터로부터 "이런 '고급 독자'들을 어떻게 모으신 거예요?" 하는 질문을 받았다. 우리 사이트에 진지한 독자들이 많이 있기는 하지, 하는 자부심도 느꼈고, 이런 회원을 모으는 건 큰 출판사에도 쉽지 않은 일이구나, 하는 생각을 함께했다.

다음 2번 문제. 그믐에서의 정답은 '1.5-2배로 증가한다'이다. 얇고 가벼운 책을 읽자고 하면 사람이 더 모이지 않겠느냐고? 커피 쿠폰으로 유혹할 수 없는 진지한 독자들은, '쉽게 읽을 수 있다'는 말로도 유혹할 수 없다. '신상품(신간)'이라는 말에도 그들은 시큰둥하다. '이 책으로 과연 멤버를 몇 명이나 모을 수 있을까' 싶었던 두껍고 어려운 책들을 읽겠다고 손을 드는 이들이 오히려 많았다.

실제로 그믐에서 가장 인기 있는 모임 중 하나가 '벽돌책 읽기 모임'이다. 강양구 지식 큐레이터가 진행하는 이 모임은 지금 21회째인데, 현재 셰익스피어의 인생과 작품을 다룬 696쪽짜리 논픽션 『세계를 향한 의지』를 49명이 함께, 활발히 읽고 있다. 이 글을 쓰는 오늘까지 23일 동안 올라온 감상은 모두 1,625건. 출판사들이 운영하는 서평단처럼 책을 무료로 보내 주는 것도 아니고, 다 읽었다고 따로 보상을 해주는 것도 아니다. 오프라인 뒤풀이도 없다. 그런데도 늘 열기가 뜨겁다. 지난해 1,040쪽짜리 과학 교양서 『행동』을 읽을 때에는 61명이 참여해 29일 동안 2,107건의 감상을 남겼다. 나는 이런 독서 모임은 그믐 외에 다른 곳에서 본 적이 없다.

이전에 이런 독서 모임을 못 봤기 때문에, 나는 오해를 했다. 그리고 나처럼 오해를 하는 사람이 많은 것 같다. '독서 장려'를 생각하는 사람들의 시선은 대체로 '책을 읽지 않는 잠재 독자'를 향해 있다. 그러다 보니 읽기 어려운 책보다 쉬운 책을 권하고, 독서에 대한 보상을 강조한다. 가볍고 얇은 책이라도 안 읽는 것보다는 읽는 게 나으니까. 그런데 잠재 독자가 아닌 '찐독자'들에게 가장 큰 보상은 독서 그 자체다. 그들을 유혹하는 것은 언제나 '좋은 책'이지, '가벼운 책'이 아니다. 물론 그들에게도 두껍고 어려운 책은 읽기 버겁고, 그래서 '함께 읽자'는 권유가 더 먹히는 것 같다.

다음 3번 문제. 그믐에서의 정답은 ① 그 책을 쓴 사람, 그리고 ② 그 책을 만든 사람이다. 복수 정답이다. 작가들은 모임을 정말 잘 이끈다. 자기 책을 읽는 모임에 한해서만큼은 매우 열정적이며, 독자와 소통하려는 노력이 돋보인다. 오프라인에서는 내성적으로 보이던 작가가 온라인에서 적극적인 활동을 펼치는 모습에 놀란 적이 여러 번 있다.『아카식』의 해원 작가는 SF 장르에 상당한 내공을 갖추었다. 실시간으로 독자와 채팅하는 그믐 라이브 챗에서 그가 들려준 타임머신 이야기는 꽤나 감동적이었다. 이처럼 상당수 작가들이 독자들의 진심 어린 반응에 감격하는 것 같다. 특히 신인 작가는 더 그렇다.

『둔촌주공아파트, 대단지의 생애』를 쓴 이인규 작가는 직접 팟캐스트 〈스몰포켓〉에 출연하여 그믐을 언급하기도 했다. "같이 책을 읽는 그믐이라는 독서 모임에서 함께 읽어 나가고 있거든요, 사람들의 피드백을 받으면서 이제 살 것 같아요. 책 내고 한 달 정도는 조금 약간 불행한 느낌이었어요. 그전까지는 내가 애써서 한 게…… 아무 소용이 없는 책을 쓴 건 아닐까 약간 그런 생각이 많이 들던 시간이었습니다. 여러분, (저는) 후기 정말 사랑해요."

『에이징 솔로』의 김희경 저자 역시 자신의 책을 읽는 그믐 모임에서 적극적으로 활동했다. 그가 기고한 글의 일부다. "나는 이 토론의 링크를 저장해 두고 지금도 가끔 들어가서 책을 함께 읽은 분들이 올린 토론을 읽어 보고는 한다. 삶의 다양한 과정을 통과하는 사람들이 모여 '함께 읽는' 것의 정수를 경험했던 시·공간이었고, 작가가 책을 세상으로 내보낸 뒤에는 책이 자신만의 생명이라도 있는 것처럼 독자들과 만나며 작가가 의도한 것 이상으로 뻗어 나간다는 것을 절감했다."

출판계 편집자, 마케터들도 독서 모임을 활발히 이끈다. 제한된 마케팅 예산을 가진 출판사들이 흔히 활용하는 방법 중 하나는 온라인 서평단 운영이다. 이러한 서평단은 대개 정형화된 패턴을 따른다. 1.온라인 서점에 리뷰 게시하기, 2.개인 SNS에 서평 올리기.

그믐은 책에 관심을 가진 독자들이 모이는 공간이기에, 잠재 독자층과 소통하고 싶은 출판사들이 자연스럽게 찾아온다. 전통적인 온라인 서평은 본래 책을 완독하지 않고도 품질을 가늠할 수 있는 편리한 수단이었으나, ChatGPT 등장 이후 천편일률적인 내용으로 독자들의 신뢰를 점차 잃어 가고 있다. 이와 달리 그믐은 독서 모임의 전 과정을 투명하게 공개해 더욱 생동감 있고 진정성 있는 책 대화의 장을 펼쳐낸다. 참여자 입장에서는 서평단이 더 간단하고 할 일이 적지만 우연찮게 서평단과 독서 모임이 함께 올라오면 단연코 독서 모임을 하겠다는 참여자가 더 많다.

동네서점도 상당히 적극적인데, 자신의 브랜드를 알리고자 하는 마음 때문인 듯하다. 다만 아무래도 물리적 공간에 기반을 둔 비즈니스이기에 전국적 인지도보다는 실제 방문객이 매출로 이어지는 오프라인 모임을 더 중시하는 편이다. 반면 도서관이나 학교 같은 공공기관에서는 담당자마다 모임을 대하는 태도가 다르다. 책 이야기에 열의를 쏟는 사람과 업무 지시 때문에 마지못해 모임지기를 맡은 사람이 운영하는 모임 분위기가 같을 리 없다.

일반 독자가 운영하는 모임은 케이스 바이 케이스다. 성실하게 모임을 운영해 신뢰를 쌓아 이제는 쉽게 다른 참여자를 모으는 모임지기도 있지만, 사람이 모이지 않는다고 중도에 포기하거나 책임감 없이 모임을 종료하는 이도 있다.

마지막 4번 문제. 그믐에서건, 다른 독서 모임에서건 정답은 '자기 이야기'다.

그믐을 시작하기 전, 나는 다양한 독서 모임에 참여했고. 사람들은 전문가의 정교한 작품 해설보다 자기 자신의 이야기를 나눌 때 완전히 다른 모습을 보인다는 것을 발견했다. 자신의 이야기를 할 때 참가자들의 눈빛은 달라진다. 문학 평론가의 작품 해설은 여러 책이나 강연에서도 접할 수 있다. 하지만 내 생각과 감정에 진심으로 귀 기울여주는 사람은 일상에서 찾기 어렵다.

'그믐밤'이라는 오프라인 행사를 매월 진행하기에 참여하는 강사들이 종종 조언을 구한다. 34회 강사였던 정윤지 피아니스트에게 내가 유일하게 부탁한 것은 참가자 모두가 돌아가며 충분히 이야기할 기회를 갖게 해달라는 것이었다. 35회를 이끄는 정명섭 작가에게도 서울 서촌 문학 답사 후 실내에 모여 서로의 이야기를 나누는 시간을 가지자고 요청했다. 답사 후 그대로 거리에서 헤어질 수도 있었지만, 내가 생각하는 진정한 독서 모임은 서로의 생각과 감정을 교류하는 시간이 필수적이다. 그때 비로소 참가자들은 자신이 이 모임에 참여한 진짜 이유를 발견하게 된다.

이것이 내가 '그믐'을 만든 이유다. 서로의 이야기를 듣고, 말하고, 이해하고, 공감하는 것. '연뮤클럽'처럼 원작을 먼저 읽고 함께 연극이나 뮤지컬을 관람한 후, 들뜬 마음으로 뒤풀이 자리에 모여 맥주 한 잔과 함께 나누는 공연 이야기, 그리고 나의 이야기.

그믐은 온라인 공간이다. 모든 대화는 전부 공개되기 때문에 사람들이 자신의 이야기를 편하게 할지 걱정스러웠다. 초기 그믐의 대화는 피상적인 수준에 머물렀다. 작가와 작품에 대한 일반적인 줄거리 나눔조차 허덕였다. 역시나 공개된 공간에서 사람들은 속 깊은 얘기를 나누기 꺼리는 것일까?

그러던 어느 날, 한 모임에서 참가자가 큰 아이의 자해로 병원에 가느라 책을 읽지 못했다는 글을 남긴 것을 보았다. 개인적으로 말하기 어려운 사정을 누구나 볼 수 있는 공개 모임에 털어놓는 모습이 반가웠고 사람들이 이 공간을 안전하고 편안하게 느끼고 있다는 사실이 내게 크게 다가왔다.

요즘 나의 고민은 다섯 번째와 여섯 번째 질문에 답을 찾는 것이다. 그믐이 어떻게 지속 가능한 단체로 성장할 수 있을까? 그믐을 앞으로 어떻게 더 널리 알릴 수 있을까? 이 두 가지 질문이 나의 머리를 맴돌고 있다. 서리북

김새섬
직장 생활을 정리하고 우리 사회에 좀 더 이바지할 수 있는 일을 고민하다가 2022년 9월, 느슨한 연대를 표방하는 온라인 북클럽 플랫폼 '그믐(www.gmeum.com)'을 열었다. 책을 매개로 사람과 사람을 잇다 보면 밀도 높은 변화가 가능하다고 믿는다. 혼자서는 독서가 어렵다고 느끼는 사람, 함께 읽는 재미를 경험하고 싶은 사람에게 기꺼이 손을 내민다.

지금
읽고 있습니다

[편집자] 〈지금 읽고 있습니다〉에서는 전국의 동네책방 책방지기들이 '지금 읽고 있는 책'을 소개한다. 참여해 주신 미우, 서점원, 에바, 이우주, 장미진, 조태양 님께 감사의 말을 전한다.

『한국이란 무엇인가』
김영민 지음, 어크로스,
2025

실패에도 불구하고, 한국의 미래를 꿈꾸게 하는 시의적절한 책. 지금 한국에서는 규정된 답의 선택이 아닌, 질문이 필요하다.

미우서재
책방지기 미우
(부산 남구)

『마지막 꿈』 페드로 알모도바르 지음, 엄지영 옮김, 알마, 2025

스페인을 대표하는 세계적인 영화감독 페드로 알모도바르의 이야기 모음집. 알모도바르의 세계를 사랑하는 이들이라면 분명히 사랑할 책이며, 그의 세계가 궁금한 사람들, 나아가 예술의 역할은 무엇인가를 고민하는 사람들에게는 낯설고도 반가운 초대가 되어줄 책이다.

스페인책방
책방지기 에바
(서울 충무로)

『포스트휴먼 페미니즘 』 로지 브라이도티 지음, 윤조원·이현재·박미선 옮김, 아카넷, 2024

포스트휴먼 시대의 곤경에 맞서 그대들 어떻게 살 것인가. 우리가 할 수 있는 것은 정말 앞다투어 AI와 친해지는 것뿐일까. 브라이도티는 바로 이 상황에 함께 있는 '하나도 동일자도 아닌 서로 다른 우리'에게 남아 있는 차이를 만드는 힘, 대항 기억, 집단적 상상력을 일깨운다. 처음에는 뻔한 소리처럼 들리고 재독할 땐 초긍정 비전이 거북할 정도지만, 다시 읽고 알게 되었다. 이것이 얼마나 절박한 지도 그리기인지. 포스트휴먼으로의 전환이라는 우주선에 '우리'를 탑승시키려는 신유물론 페미니스트 선장의 선내 방송 같은 책. 한 줄도 흘려들을 수 없다.

무명서점
책방지기 서점원
(제주 서쪽)

『사랑과 통제와 맥주
한잔의 자유』, 김도미,
동아시아, 2024

암 환자가 된 저자에게
쏟아지는 주변인들의
'선의의 간섭'들.
그 '청순한 무례'를
거절하고 '내 쪼대로
아플 자유'를 누리기
위해 쓴 뉴스레터들의
모음집. 환자의
역할부터 돌봄의
조건까지 많은 것들을
생각해 보게 하는 책.

책방서륜
책방지기 이우주
(충남 계룡)

『어떻게 살아야 하는가』
이나모리 가즈오 지음,
김윤경 옮김,
다산북스, 2022

살아 있는 경영의 신,
이나모리 가즈오가
말하는 우주의 절대
법칙.
'인생은 마음에 그리는
대로 되고, 강렬하게
바라면 현실로
나타난다.'
배배 꼬인 인생에 지쳐
있다면, 그토록 꿈꾸던
삶을 눈앞에 펼쳐 줄
치트키를 발견할 수
있는 책.

상상이상
책방지기 장미진
(강원 강릉)

『그곳에 엄마가 있었어』
윤정모 지음,
다산책방, 2023

일제강점기 말부터
6·25 전쟁, 6·3 항쟁
등 현대사의 질곡을
통해 우리 시대의
아픔을 그려낸 소설.
징병자, 학도병
위안부 이야기를 통해
전쟁의 피해는 남녀를
구별하지 않음을
드러냄과 동시에
미래에 대한 희망을
잃지 않던 사람들의
이야기로 그날의
역사가 현재의 역사가
되게 만드는 힘을 주는
작품.

골목책방서성이다
대표 조태양
(전남 순천)

신간
책꽂이

이 계절의 책
2025년 여름

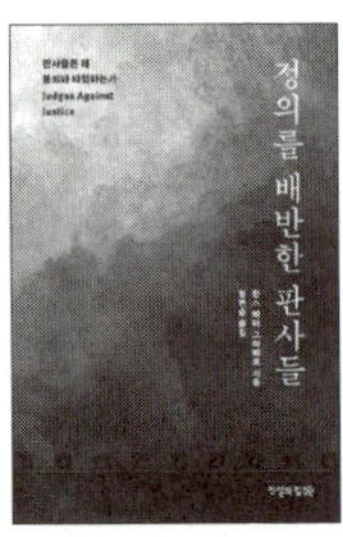

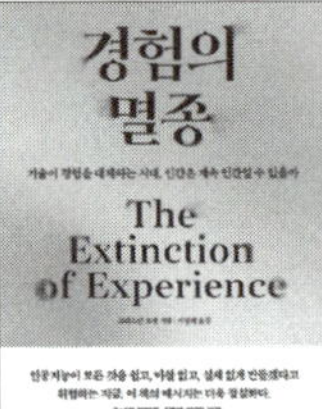

[편집자] 〈신간 책꽂이〉에는 최근 발간된 신간 가운데 눈에 띄는 책을 골라 추천 이유와 함께 소개한다. 이 책들의 선정과 소개에 도움을 주신 분들은 다음과 같다.

김경영(알라딘 인문·사회과학·과학 MD)
손민규(예스24 인문·사회정치·자연과학 PD)
이현진(와우컬쳐랩 대표)
한지수(교보문고 인문 MD)
(가나다순)

『모든 것의 새벽』데이비드 그레이버·데이비드 웬그로 지음, 김병화 옮김, 이상희 감수, 김영사
명망 있는 인류학자 데이비드 그레이버의 유작. 그레이버와 웬그로가 10년간 협업한 결과물로, 그간 우리가 알던 문명사와 실제 역사 사이에 큰 차이가 있음을 폭로함으로써 희망을 제시한다.(김경영)

『정의를 배반한 판사들』한스 페터 그라베르 지음, 정연순 옮김, 진실의힘
법복 입은 판사들은 과연 정의와 민주주의의 편일까? 독재와 권위주의하에서 판사들이 어떤 역할과 행동을 해왔는지 기록한 책. 현실의 사법부는 민중의 기대를 대체로 배반한다.(김경영)

『경험의 멸종』크리스틴 로젠 지음, 이영래 옮김, 어크로스
기술이 만든 매끄럽고 효율적인 세계에서, 우리는 길을 잃을 자유를 박탈당하고 있다. 생생한 가상이 불안한 현존을 대체하는 시대, '직접 살아보는 것'의 가치를 다시 구하다.(한지수)

『거북의 시간』사이 몽고메리 지음, 맷 패터슨 그림, 조은영 옮김, 돌고래
다친 거북을 구조하여 돌보고 다시 야생으로 돌려보내는 거북구조연맹의 이야기. 보이지 않을 정도로 느리게 회복하는 거북의 이야기에 신비한 치유의 힘이 있다. 아, 이토록 선명하고 아름다운 느림!(김경영)

  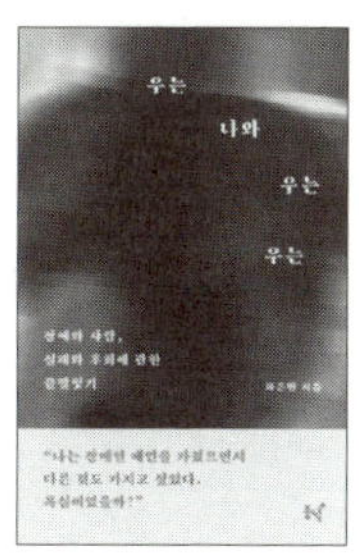

『나쁜 동물의 탄생』 배셔니 브룩셔 지음, 김명남 옮김, 북트리거

현대 도시는 동물과 전쟁 중이다. 시끄럽다고, 청결하지 않다고, 미관상 불쾌하다는 명분으로 동물을 괴롭힌다. 이런 특정 동물을 향한 혐오는 작위적이고 인간 중심적인 마음이다.(손민규)

『불평등은 어떻게 몸을 갉아먹는가』 알린 T. 제로니머스 지음, 방진이 옮김, 돌베개

세상의 부정의는 기분과 편의뿐만 아니라 인간의 신체에 실질적인 위해를 가한다. 세계적 여성 보건학자인 저자가 데이터와 분자생물학 연구를 통해 이를 증명한다. 두고두고 인용될 책.(김경영)

『바디올로지』 이유진 지음, 디플롯

이 책은 '세계의 경합하는 몸 이야기'를 통해, 개인의 가장 사적인 '몸'이라는 공간이 이데올로기의 식민지로 전락해 온 역사를 다룬다. 내 몸의 주권을 회복하기 위해, 이제 독립운동을 시작하자.(한지수)

『롱 윈』 캐스 비숍 지음, 정성재 옮김, 클랩북스

경쟁이 치열한 사회에 살며 많은 사람이 좌절한다. 부정적 감정은 차별과 폭력으로 이어진다. 은메달리스트인 저자는 승자 독식을 비판한다. 나아가 오래 함께 이기는 방법을 모색한다.(손민규)

『부서지는 아이들』 애비게일 슈라이어 지음, 이수경 옮김, 웅진지식하우스

누군가는 해야 할 이야기. 부모의 무작정 다정한 노동이 아이들과 사회를 망가뜨리고 있다. 우리 사회는 이 책을 통해 양육의 본질과 원칙에 대해 다시 고민해야 한다. 모두가 함께.(김경영)

『우는 나와 우는 우는』 하은빈 지음, 동녘

애인에게는 장애가 있었다. '그래서' 사랑이 실패했다고 말할 수 있을까? 돌봄과 돌봄 받음, 투쟁과 자포자기, 열정과 지긋지긋함 사이를 절뚝이며 횡단하는, 사랑의 어떠한 실패담.(한지수)

『안녕하세요, 한국의 노동자들』 윤지영 지음, 클

여전히 회사가 갑이고 노동자가 을인 세상에서 윤지명 노동 인권 변호사는 을의 편에 섰다. 보호의 사각지대에 놓인 여러 노동자와 함께 부당함을 지적하고 정의를 세우고자 노력한 기록.(손민규)

『죽은 다음』 희정 지음, 한겨레출판

희정의 이번 행선지는 장례 노동이다. 노동의 현장이 죽음의 현장이니 노동과 죽음의 이야기가 섞여 읽는 이의 가슴을 친다. 우리는 어떻게 떠나나, 떠나는 자리엔 어떤 노동이 남나.(김경영)

『나는 왜 마음 놓고 쉬지 못할까』 김은영 지음, 심심

만성 피로는 지속적인 스트레스에 노출되면서도 적절히 쉬지 못할 때 생긴다. 휴식 방법이 잘못됐을 수도 있다. 과음, 스마트폰으로부터 시선을 돌리자. 당신의 눈길이 닿아야 할 곳은 바로 이 책.(손민규)

『공동 뇌 프로젝트』 김재인 지음, 동아시아

저자가 오랫동안 탐구한 '공동 뇌' 개념으로 융합의 본질을 밝힌다. 전문가 협업을 통한 창의성 발현과 확장된 인문학으로 새로운 교육 패러다임을 제시하는 미래 교육의 실천적 지침서.(이현진)

『우주여행자를 위한 생존법』 폴 서터 지음, 송지선 옮김, 오르트

진공의 공간, 초신성의 폭발, 블랙홀의 중력, 우주 방사선과 암흑 물질까지. 우주에서 겪을 수 있는 위험들을 유머러스하게 풀어내며, 우주를 더 쉽게 이해할 수 있도록 돕는 책.(한지수)

『양자역학의 역사』 데이비드 카이저 지음, 조은영 옮김, 동아시아

2025년은 양자역학 탄생 100주년이다. 베르너 하이젠베르크, 닐스 보어, 에르빈 슈뢰딩거 덕분에 현대 물리학이 이해할 수 있는 지평이 넓어졌다. 현대인이 알아야 할 필수 과학.(손민규)

『세계숲』다이애나 베리스퍼드-크로거 지음, 노승영 옮김, 아를

나무와 숲에 관한 책은 많은데, 이 책처럼 신비로우면서도 과학적이고 아름다운 식물 책은 드물다. 고대와 현대, 과학과 문학이 어우러지며 나무와 생물 상호 어우러짐을 멋있게 표현했다.(손민규)

『매직필』요한 하리 지음, 이지연 옮김, 어크로스

비만 치료제에 체중 고민하는 현대인이 열광한다. 그런데 뭔가 잘못됐다. 죄책감을 느끼며 먹고, 불어난 체중을 빼기 위해 약을 먹어야 한다니. 요한 하리가 불행의 근원을 찾아 나섰다.(손민규)

『얼음과 불의 탄생, 인류는 어떻게 극악한 환경에서 살아남았는가』그레이엄 실즈 지음, 성소희 옮김, 최덕근 감수, 웨일북

제목부터 강렬하다. 엄청난 에너지로 뜨거웠던 지구가 대폭발 이후 빠르게 식고, 다시 따뜻해지는 과정에서 생명이 어떻게 출현하고 진화했는지를 최신 연구 이론으로 흥미롭게 서술해 냈다.(손민규)

『파이어 웨더』존 베일런트 지음, 제효영 옮김, 곰출판

2016년 포트맥머리 대화재는 완전 진압까지 15개월이나 걸렸다. 산불은 늘 있었다. 왜 최근 산불이 더 통제하기 어려울까? 인류가 화석 연료를 포기하지 않아서다.(손민규)

『이데올로기 브레인』레오르 즈미그로드 지음, 김아림 옮김, 어크로스

인간의 정치적 결정과 가치관을 뇌과학으로 설명하는 책들이 연이어 나오고 있다. 이 책도 그중 하나. 인간은 왜 이데올로기적 사고에 빠져드는가? 우리 뇌와 극단주의의 연결성을 파헤친다.(김경영)

『뇌가 힘들 땐 미술관에 가는 게 좋다』수전 매그새먼·아이비 로스 지음, 허형은 옮김, 윌북

인간이 처음 인간이기 시작했을 때부터 우리는 그림을 그렸다. 인류가 예술을 갈구하는 것은 본능이다. 이 책은 뇌과학을 통해, 생존의 필수품으로서의 아름다움을 설명한다.(한지수)

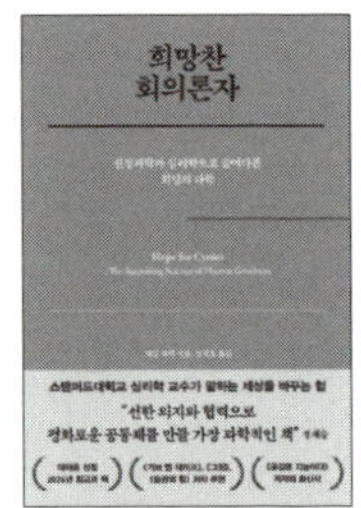

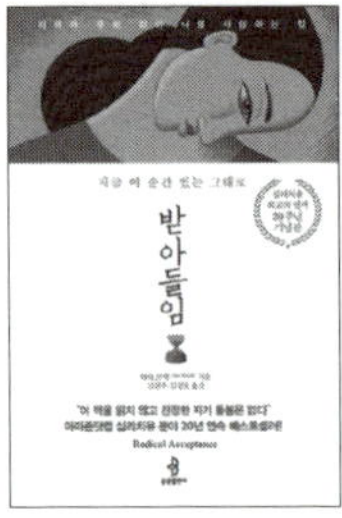

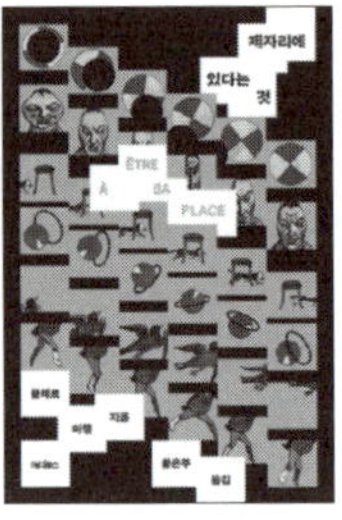

『당신의 저녁에 클래식이 있다면 좋겠습니다』
아리아나 워소팬 라우흐 지음, 고정아 옮김,
다산초당

클래식 음악 듣기는 점점 대중적인 취미가 되어
가고 있다. 연주자로서 최고의 엘리트 코스를
밟았지만, 뻔한 '고상쟁이'가 되는 것은 단호히
거부하는 바이올리니스트의 웃기는 클래식
만담.(한지수)

『받아들임』 타라 브렉 지음, 김선주·김정호
옮김, 불광출판사

마음 챙김에 관한 명저 『받아들임』의 20주년
개정판. 나를 있는 그대로 온전히 받아들이는
'근본적 수용'을 강조한 이 책은 불교 명상가
타라 브렉의 최고작이자, 고전이 되기에 손색이
없다.(손민규)

『제자리에 있다는 것』 클레르 마랭 지음, 황은주
옮김, 에디투스

제자리와 자리 옮김에 대한 철학적 에세이.
현대인이라면 놓을 수 없는 실존적 질문들을
섬세하게 다루는 책이다. 참신한 감각을

일으키는 주제와 통찰력 깊은 문장들이
인상적이다.(김경영)

『희망찬 회의론자』 자밀 자키 지음, 정지호 옮김,
심심

냉소주의는 영리하지도, 안전하지도,
도덕적이지도, 멋지지도 않으며, 그저 세상을
망치고 있다. 더 나은 삶을 위한 실용적인
대응으로서, 적극적인 희망의 추구를 권유하는
책.(한지수)

『정원의 기쁨과 슬픔』 올리비아 랭 지음, 허진
옮김, 어크로스

낙원의 개념과 정원의 정치학을 섬세하게
탐색하며, 작가 특유의 사려 깊은 통찰과
감각적 묘사가 빛난다. 개인의 체험과 지식을
우아하게 엮어낸 이 책은 지적 여정이자 시대의
목소리다.(이현진)

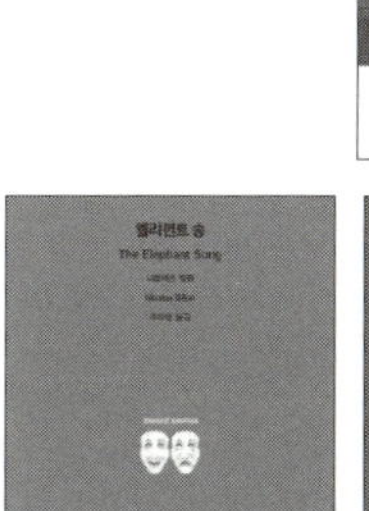

『흰 고래의 휨에 대하여』 홍한별 지음, 위고
20년 넘게 100권 이상의 책을 번역해 온 홍한별 번역가의 에세이. 글의 뼈를 부수어 새로운 몸을 빚는 '번역'이라는 일. 언어의 형상 너머 숨겨진 진실을 움켜쥐려 부단히 노력해 온 한 번역가의 일기.(한지수)

───

『외로움의 책』다이앤 엔스 지음, 박아람 옮김, 책사람집
외로움을 말할 때, 인간은 취약해진다. 다이앤 엔스는 철학과 문학, 심리학을 넘나들며 감춰져야만 했던 '외로움'이라는 상태를 낱낱이 해부해 햇빛 아래 펼쳐 내며 외로움의 본질을 발견하려 한다.(한지수)

───

『앨리스의 모든 것』코니 윌리스 지음, 김세경 옮김, 아작
1990년대에 이미 디지털 조작이 장악할 할리우드의 몰락을 예견한 놀라운 통찰. 코니 윌리스 특유의 유머와 상상력에 더해 진정성에 대한 깊은 성찰이 어우러져 지금 읽어도 놀라운 작품.(이현진)

『이야기를 지키는 여자』샐리 페이지 지음, 노진선 옮김, 다산책방
타인의 이야기를 모으는 재니스는 자신의 비밀은 감춘다. 예리한 노부인과의 만남은 닫힌 과거를 열어젖히고, 말하지 않은 이야기 안에 가장 깊은 울림이 있다는 진실을 조용히 들려준다.(이현진)

───

『엘리펀트 송』니컬러스 빌런 지음, 주하영 옮김, 지만지드라마
캐나다 초연, 아시아 최초 한국 공연 이후 입소문을 타고 수차례 재연되며 작품성을 인정받은 연극 「엘리펀트 송」. 크리스마스이브의 살인 사건을 두고 환자와 의사의 치열한 심리 게임이 펼쳐진다.(한지수)

───

『빈 자리』크리스티앙 보뱅 지음, 이주현 옮김, 1984Books
"우리는 살 능력이 없어서 글을 쓴다"로 시작하여 부재를 통해 더 선명해지는 존재의 역설을 포착한다. 상실의 빈 공간에서 충만함을 발견하는 아름다운 사유의 여정을 고요히 따라간다.(이현진)

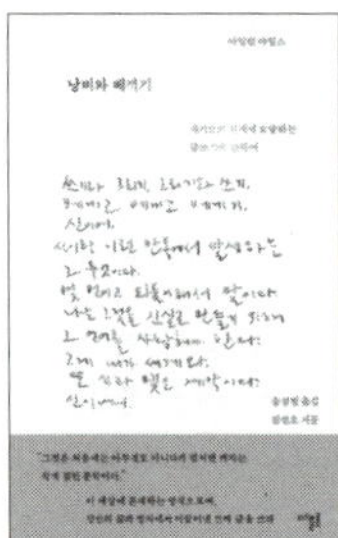 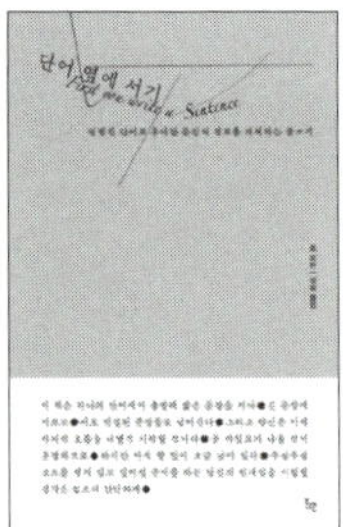

『낭비와 베끼기』 아일린 마일스 지음, 송섬별
옮김, 디플롯
글쓰기의 본질을 담은 명상적 에세이.
'베끼기'라는 개념으로 예술 창작을 재정의하며,
종교적 수행과 시간의 낭비로서의 글쓰기를
담은 독창적이고 도발적인 자전적 문장들로
구성된다.(이현진)

『단어 옆에 서기』 조 모란 지음, 성원 옮김, 위고
단순히 작법서로 설명하기엔 아쉽다. 조
모란은 문장에 대해 느끼는 순전한 기쁨과
애정을 숨김없이 털어놓는다. 이 얼마 만에
보는 깨끗한 사모의 문장들인지. 사랑은 잔뜩
전염된다.(김경영)

『리스펙토르의 시간』 엘렌 식수 지음, 황은주
옮김, 을유문화사
식수는 리스펙토르의 문장을 '살아 있는
육체'로 읽어내, 언어와 존재, 여성성과
글쓰기의 본질을 비춘다. 문학과 철학의 경계를
섬세하게 확장하는 밀도 높은 사유의 여정이
펼쳐진다.(이현진)

『살아남는 스토리는 무엇이 다른가』 전혜정
지음, 웅진지식하우스
전혜정의 오랜 연구가 집약된 책. 결핍에서
출발하는 이야기의 본질을 통찰하고, 세계관-
인물-플롯의 삼각 구조로 창작의 미로를
밝히며, 인간 본능을 사로잡는 비밀을 예리하게
풀어낸다.(이현진)

이 책은 철학의 고전적 주제를 현대 기술과 연결해 새롭게 풀어낸다.

알고리즘으로 철학하기

코드 너머의 사유, 기술과 존재를 잇다

변정수 지음 | 이상북스

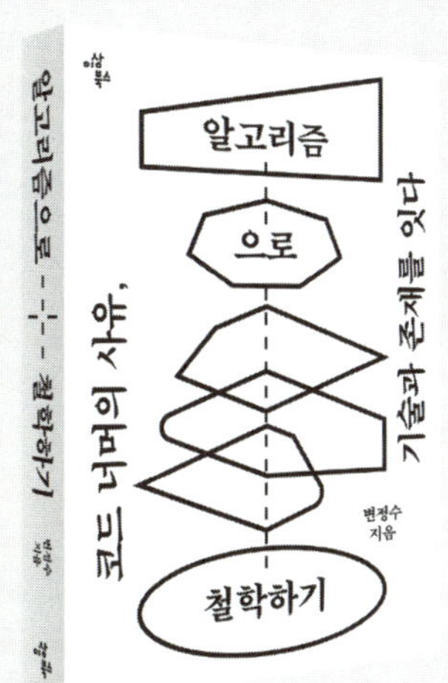

이제 철학은 코드 속에서 질문을 던진다

사고를 리셋하고, 철학을 업데이트하라!

알고리즘은 우리 삶을 조직하고,

사회를 설계하며,

존재의 방식을 다시 구성한다.

이 책은 그 거대한 흐름을

철학적으로 비판하고 사유한다.

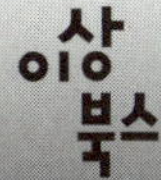

떳떳하게 출근할 수 있는
내일을 위하여
온 힘으로 지켜내는 오늘의 마음

당신은 지금 원하는 모습으로 일하고 있나요?
일다운 일을 꿈꾸는 그 벅찬 소망 앞에서
넘어지고 버티고 돌파하는 보통 사람들의 생존 노동기

월 급 사 실 주 의 ● 2 0 2 5

내가
이런 데서
일할 사람이
아닌데

김동식　서수진　예소연　윤치규　이은규　조승리　황모과　황시운

출근길 지하철에서, 점심시간 식당가에서 나와 어깨를 부딪친 누군가의 이야기다.
절망과 체념만 있을 법한 하이퍼리얼리즘 소설이 뜻밖의 위로를 안긴다. _**한국일보**

지금도 한국사회의 어딘가에서 벌어지고 있는 노동과 삶의 이야기가 담긴 소설집. _**경향신문**

내가 꿈꾸는 일터는 어떤 곳인지 자문하는 근로자의 이야기. _**연합뉴스**

현실 속 노동자의 모습을 가감 없이 담아내며,
그들이 마주한 다양한 갈등과 고민을 공감할 수 있는 기회를 제공한다. _**CBC뉴스**

“범죄자의 작품에
  상을 주어도 되는가?”

“작품의 우수성과
  작가의 도덕성을
  따로 보아야 하는가?”

“폴란스키, 마츠네프,
  블랑쇼, 하이데거,
  한트케, 고은, 친일파…
  이들의 작품을 높이
  평가해도 되는가?”

“작가와 작품을
  분리할 수 있는가?”

작가와 작품의 관계에 대해
사회학적, 역사적, 철학적으로
성찰한 학술적 에세이

**이길보라 감독,
이상길 교수
강력 추천!**

**사랑과 삭제 사이,
가장 뜨겁고
오래된 질문**

『**작가와 작품을
분리할 수 있는가?**』
**지젤 사피로 지음, 원은영 옮김,
18,000원**

“강간과 성폭행으로 남녀 창작자들이 비난받을 때,
  일반적으로 이러한 비난을 창작의 자유에 대립하는 것으로
  본다. 물론 창작의 자유는 이데올로기 강요나 경제적
  압박으로부터 보호되어야 한다. 그러나 창작의 자유가
  타인을 해할 자유로 정의된 적은 단연코 없다.” – 책 속에서

상황과 이야기

에세이와 회고록, 자전적 글쓰기에 관하여

비비언 고닉 지음 | 이영아 옮김 | 마농지

**자기 서사의 거장
비비언 고닉의 '자전적 글쓰기' 수업**

"경이로움을 자아내는 우리 시대의 고전.

개인적 서사를 쓰는 작가뿐 아니라 인생이라는

상황과 이야기의 교차점에서 자신의 존재를

이해하고자 갈망하는 이라면 꼭 읽어야 할 책이다."

—마리아 포포바(『진리의 발견』저자)

서울 리뷰 오브 북스

Seoul Review of Books
2025 여름

18

발행일	2025년 6월 15일
편집위원	강예린, 권보드래, 권석준, 김영민, 김홍중, 박진호, 박훈 송지우, 신형철, 심채경, 유정훈, 이석재, 정우현, 정재완 조문영, 현시원, 홍성욱
편집장	김두얼
책임편집	강예린
편집	김영일
디자인	정재완
제작	(주)대덕문화사
발행인	조영남
발행처	알렙
등록일	2020년 12월 4일
등록번호	고양, 바00044호
주소	경기도 고양시 일산서구 중앙로 1455 대우시티프라자 715호
전자우편	seoulreviewofbooks@naver.com
웹사이트	www.seoulreviewofbooks.com
ISSN	2765-1053 52
값	15,000원

© 알렙, 2025

이 책에 실린 글과 사진은 저작권법에 의해 보호를 받는
저작물이므로 사전 협의 없이 무단으로 사용할 수 없습니다.

이 책은 한국문화예술위원회의 문예진흥기금으로 원고료(일부)를
지원받아 발간되었습니다.

구독 문의	seoulreviewofbooks@naver.com
정기구독	60,000원 (1년/4권) → 50,000원(17% 할인) 자세한 사항은 QR코드를 스캔해 주세요.

광고 문의	출판, 전시, 공연 등 다양한 영역에서 서울리뷰오브북스의 파트너가 되어 주실 분들을 찾습니다. 제휴 및 광고 문의는 seoulreviewofbooks@naver.com로 부탁드립니다. 단, 서울리뷰오브북스에 실리는 서평은 광고와는 무관합니다.